山外有山

李英豪著

1987

東大圖書公司印行／原創叢書

© 山外有山

作　者　李英豪
發行人　劉仲文
出版者　東大圖書股份有限公司
總經銷　三民書局股份有限公司
印刷行　東大圖書股份有限公司
地址／臺北市重慶南路一段六十一號二樓
郵撥／〇一〇七一七五一〇號
初　版　中華民國七十六年七月
編　號　E 83051①
基本定價　肆元陸角柒分
行政院新聞局登記證局版臺業字第〇一九七號

給女兒傲山

原版「原創叢書」的意義

葉維廉

叢書命名爲「原創」，這個靈感來自臺北的街頭；臺北的街頭，原版太少了。我們張眼看出去，那裏不是翻版的文化！翻版書，翻版衣裝、飾物、器皿，翻版音樂，翻版舞蹈，就連以食的文化稱雄的城市，竟也充斥着數不盡的翻版食物，我們看見的漢堡、可樂，只不過是浮在水面上的冰山而已。中文不是「蟹行文字」，但細讀一些中文的作品，隱約間竟也迴響着不少異國的奇音。這個現象，繼電腦革命之後，繼影印革命之後，氣燄更盛，現代不少作品，雖不「全錄」他人牙慧，亦有八九了。

我們這樣說，也不是說：洋必歪，土必正。翻版，洋的、土的都不宜。我們無意否定西方的東西；事實上，五四以來，我們的生活，我們的文化都已經襲用了不少外國的東西。他山之石，可以攻錯；外來的滋養，一樣可以助長新苗。五四以來，它們也激發過很多次新聲新姿的高潮，作品都能別出心裁，奪人耳目。只要作者能出之於誠、入之於心，他的作品，受些外來的滋養，有時容或未盡圓融，但必能以獨特的面貌出現。在六十年代時，甚至發展到人人不同、篇篇不同；有不少詩人要「語不驚人死不休。」但不同中，我們還需要感到一股屬於中國文化獨有的氣脈運行其間，要本土的滋養、外來的滋養化成一片生機。這，我們叫做創造；要這樣，我們才稱得上推陳出新，不落俗套。

但最近臺北的街頭所讀到的、所看到的、所聽到的，常覺有一種強烈的翻來翻去的印象。翻版，翻洋的固然不好，翻本土已有的則更糟。近年有不少作品，如果把作者的名字蓋住，很難猜得出它是何人的手筆，裏面廻響着太多似曾相識的聲音與姿態。這種現象，文學與繪畫都已直追電影的後塵。中國電影，除了很少數有「藝術意識」的低票房作品以外，一向仰賴我們那羣品味猶待薰陶的觀衆，常把一些眼淚精緻化，把相同的、庸俗的愛情故事改頭換面的演出，爲了爭取觀衆的喜愛，甚至亂改歷史事實。

不過，如果觀衆、讀者的品味下降，那麼編導、編輯是不是有責任協助他們作某種提昇呢？你會說：當然。我會說：當然。如有你問他們，他們也會說：當然。但事實上，現代中國有太多的編導、編輯，不但沒有使得品味昇華，而且還反過來，粗製濫造，不斷翻版所謂「軟性的」「濃情蜜意」，引帶着觀衆、讀者成天浮遊在永遠不成長的夢的世界裏，間接地戕害了不少活潑潑的、具有創意的心靈。藝術，便一而再、再而三地犧牲在消費主義至上的棒下。

就在這種幾乎被翻版文化現象掩埋之際，我得到一個機會去提供一些新聲新姿出版爲創作叢書。我覺得此時此際，最重要的，莫過於重新建立「原創」的觀念。但，正如我前面提到的，「原創」並不是要頑強地抗拒外來的滋養。原創之爲原創，除了要把外來的滋養化入自己的氣脈外，我們還必需在攝取及呈現經驗上貼近生活的根鬚，觸及歷史變動的機樞，只有這樣，才能各具其聲，各出其貌。

「山外有山」二說（代序）

戴天

看見「山外有山」四個字，不免使人想到「一山還有一山高」的俗諺。但看深一層，則又不止這麼一種表層意義，而包藏着深層的結構。

「山外有山」，無疑是連綿的、跌宕的、深遠的；意在言外，有餘未盡。這是歷時的，又是共時的。以感覺而言，分成山之一、之二、之三、之四的部分，也許自成天地，却又彼此呼應，有如連環扣，仿若浪接浪。在青藏高原，據稱有一種花草，名仙人環，以一個點開始，終成一個圓圈。然後不知多少年，蔓延無已。於是一圈串一圈，蔚爲廣袤的大圓。大圓連大圓，更永不休止，試探時間深淺，空間壯濶，拓展至於無垠。表面上看，這是一個植物羣落，而實際上則是一株生生不息、日新又新，「傳統與現代」一爐共冶的生命之花、不屈之草。「山外有山」，正具有此種文化的深層結構。

「山外有山」，按照作者的旨趣，「山」也應當是一個「符號」。符號都具有象徵意義，這裏不必明言，讀者自可領略、體會。「有山」，則是一種「鏡象」，是主觀認識、客觀呈現的綜合效果。實以襯虛，虛中見實；虛虛實實，空靈透剔，似無還有，若眞而逸。符號與鏡象，構成一內在、外在出入自如、渾然大一的整體。「有動乎中，必搖其精」。作者向來愛山（有橫山、傲山，甚至冰川的筆名），「山色有無中」，只足以指其風格，非表示其意境、寄託，因爲此中「有山」（其有也，可以作者二十年間，多所建樹，涉獵之廣深，見其一斑。）「有而不爲」，「爲而不有」，「山外有山」，大概才是作者「此中有深意」，雖然「欲辯已忘然」。

也許，李時珍贈友詩句：「久孤蘭杜山中待，誰遣文章海內傳？」可以寫作者近年沉潛蘭學，著述園藝的心境。不過，放翁「農桑」中一聯：「山歌高下皆成調，野水縱橫自成塘。」，才算寫盡作者多般面貌的萬一。

略陳二說，不敢言序。

目次

山之二

山之三

山之四

山之一

桃之夭夭

每逢看見給人割下來插在瓶子裏的新年桃花，我的眼珠特別閃亮。原生的爛縵在齷齪的空間中變成慘淡。每朵花最可悲的時刻不是枯殘凋落，而是應該盛開當兒內部早已褪色。但是沒有人察覺；大家的驚艷流於沒有眞實感覺的套板反應，僅餘的芳菲給醺濁的煙圈和暖爐微微的焦味淹沒。

我凝神定睛，沿着具有古銅暈斑點的桃枝朝下追溯，隱隱約約間好像再看見斷口下的根和四周充滿生命味道的泥土。眨眼間繡金花瓶裂開而粉碎；活像天師的老姚那副黝黑臉孔徐徐展現，向無限的空間擴伸。

老姚的老骨頭化成飛灰，也化成春泥。忽然，遠山回響他雄亮的吆喝聲：「桃爲五木之精，能制百鬼，乃屬仙品。爲什麼拘囚於斗室，祇作爲世俗人的點綴和擺設？」他的語調，顯然要桃花「復歸返自然」，離開那些層層矗立的三合土架構。

第一次在花地看老姚種桃，幾乎目瞪口呆。他把碩大佳種的熟桃，連肉埋糞池中，尖頭向上，覆上尺多厚的熟肥土。陣陣臭味，中人欲嘔。蓮出汚泥而不染。有誰知道，桃出自糞池，從臭氣裏吸取養份，掌握時令，到春天抽芽生發！汚穢與苦痛，孕育了桃的芳菲。最初的埋藏，竟催生未來的清姿雅質，糞土顏色衍爲一抹一抹醉人的桃紅。

老姚說：「抽芽了，不能留在糞堆中太久，否則桃的果實又小又苦。」我想：人也不能活在抑壓和苦痛中太久吧！埋葬自己，從受難中感覺深深的罪孽，僅能夠在極端情境裏萌出少許幼芽，不等於長久的標發。那聲聲「爭開不待葉」的呼喚，需要帶着泥土移栽更遼夐的空間。

「花鏡」這麼記載：「凡種桃淺則出，深則不生，故其根淺不耐久。」生長和存在都這麼奧妙。同是一株抽芽的幼桃，自小由入土的深淺而決定命運。栽在什麼環境，栽在什麼人手裏，就等於一生。命運的眞正主宰，是植者本身。生與不生，桃自己無從選擇。對於桃樹來說，生長只屬一種竭力的掙扎。如果根淺，竭力也告徒然，向上生長遂變成幻夢。

老姚有方法使桃根深固。桃樹初次結實之後，次年砍去枝幹，復生又砍；但桃樹生命力強，會再生長，枝葉更旺盛，那時根自然入地很深，盤結自固了。

爲什麼要生後又砍，砍後又讓它再生呢？老姚笑笑，放下他的利斧：「人不經折磨錘鍊，砍去繁枝，怎能堅固、怎能長根呢？」太早發的繁枝和結實後的軀幹，虛耗過量養分，次年開不出更好的花，也長不出茁壯的根，整株桃花變成浮淺不實。砍枝之後，可以使養分積聚下移。種桃花要有壯士斷臂的勇氣，不必急功近利盡快求舒展。桃花徒長枝椏給人看，祇有外表一個矯扭姿勢，是沒有用的。深藏不露的根，向更深更無人知的地方探索；才萌發更多更壯新芽。

老姚教曉我，要年年有花，冬季除了大刀濶斧、忍痛剪掉多餘的病弱枝椏外，新梢也祇應留下基部二至三芽，上方最好全部剪去，促使基部葉芽萌發和抽出新枝。這樣子，桃花可以每年綻放，不會中止，不會間歇。

夏天的時候，老姚把新梢打頂摘心。「好端端的生長，何苦要摘心？」雖然我佩服和信任他的種植法，但是也有點茫然。老姚把摘下來的心往後一丟，不禁莞爾：「生長太旺了，不加節制，長不出副梢。」我明白他的道理：要茂盛，先要去盡冗繁。基部由過去不斷累積而成，然而拘泥於過去，或光看眼前繁茂，整株桃花祇會亂枝叢生，生長難以保持均衡。不摘心，往往成爲萎頓頹敗的根源！

最討厭的還是那些猥褻小蚜蟲。對於桃花，牠們比較盲目向光的浮塵子更要命。通常我們遇上生蚜蟲的桃樹，總喜愛依照藥方，用二千倍稀釋的亞胺硫磷防治，前人則灑桐油。老姚搖搖頭，耍耍手：「不必用藥，不必要！」

他拿出多年前自製的竹燈，繫懸於樹梢之間，片刻光景，竟然蚜蟲自落。小小屍體遍佈地面，有些還像垂死的星星；篩下來的竹燈光使牠們閃呀閃的。後來我才知道，原來是「羣芳譜」所載的古法。老姚嘀咕：「用藥可能導致藥害藥傷。」看來，他除蟲也法乎自然。

老姚最頭痛是天時不正、大雨滂沱的日子。桃樹耐寒耐旱，但是總怕澇怕浸。細想：桃樹和人、人和桃樹，都沒有多大分別；排水不良、欠缺疏通就不行了。老姚豎起大拇指：「你領悟了種植的竅門！要種植，便得靠領悟和實際經驗。」

論經驗，我自問比不上老姚。他額上臉上長的皺紋沒有白費。他在後面庭園，親手栽植了一些白碧桃、粉碧桃、絳桃、人面桃、日月桃和一株品種很特別的雷震紅。每年灼灼盛開，如火如荼。這些都是卓越美艷的花。看花時，我忍不住感喟：「開了，遠勝不開。但是開了，還是要落。既為桃花，必定早落。」

桃花經過痛苦的埋藏，經過痛苦的砍斷；璀燦的時候僅有十天八天。究竟「桃無久壽」，還要不少才花盛。桃樹本身六至七年即老，不及十年枯掉。生命苦短，有些還沒有老便萎去。

品種天生如此，也許是生命本質。對老姚來說，似乎本質同樣可以稍作改變。「你想延長桃樹壽命？劏刮它的皮吧！」老姚的提議使我默默無語，事實上我膽顫心驚。祇有通過痛苦的煎熬，才能延展生命，而且僅是一丁點兒的延展。

老姚揭開書中一頁，指給我看：「其皮最緊，若四年後，用刀自樹本豎劏其皮，至生枝處，使膠盡出，則皮不脹不死，多有數年之活。」我不知道，這樣的延展算不算「殘忍」，還是一種變相的人道。一切孕育、萌芽、生長、延展，全根源於痛苦。我是桃樹的話，甘願受劙皮之痛嗎？生命長短無定數；但是我懷疑，生命價値和意義是否就在於長短？多開幾年花又怎樣？仍然不免灼灼焚身！

老姚擅種桃而熟知桃性，自己同樣不能免，眞的「復歸返自然」了。老姚化作飛灰、也化作春泥後，他辛辛苦苦種下密排如林的桃花，自已枯倒的枯倒，給人砍去的砍去。去年我回到他那老地方，看見僅餘下那株品種特殊的雷震紅，封蓋了千萬年的寂寞，四方空茫無垠，地面一片殘缺瓦礫。我認得這株模樣乾澀的桃花，它的半邊同樣有古銅暈斑點的枝幹，祇是嗚咽無聲，不知孤獨向誰開。

老姚生前說，這株桃花，每逢雷雨過後，輒見有紅暈泛起，極爲難得，故名雷震紅。幸好這裏沒有暖爐微微的焦味、沒有醺濁的煙圈。我感覺這株桃樹不斷向四方八面伸展、伸展、伸展，變成老姚天師般的臉孔。他輕輕哼出：「我是孕芽的糞池。我是砍枝的利斧。我是摘心的手。我是搖落小蚜蟲的竹燈。我是疏水的泥土。我是劙皮的刀。我是痛苦的植者、植者、植者……。」

眞菌

深山中瀰漫一股發霉的氣味。一陣陣陰風打林木的枝椏間掠過，葉子簌簌作響。

我是一個從遠處來的人，把自己溶進泉水聲裏。雨後的幽谷沒有虹彩，參天的高樹幾乎遮蓋一切，比較黑色遮光網還濃密，將外間的光隔絕。

濕滑的苔蘚表面青綠，却蘊藏死亡的訊息。我來尋一種眞菌，一種奇妙而低微的生命。

根據三月占驗：風雨，草木多蟲傷。雨，主澇。雲甚厚重。暴雨至，名桃花水，主梅雨必多。

這種氣候，不必用紫微斗數占算。況且，我早就預料，深山這裏可能長年沒有陽光。

我深感奇怪，眞菌靠什麼營養自己，用什麼方法促進生機？照理，打起傘子的生命不應該喜歡陰暗潮濕的環境。

雖然雨後，但是林中很快回復翳熱。急走兩步，也會使人有點兒窒息；好像給每一片葉子和每一蕈菌絲搶光了氧氣。

土著說我要尋的是一種好氣眞菌；我不知道是不是靈芝。唯一可以肯定，這種眞菌出菇期需要充分氧氣。日常它們也日夜吸收氧，呼出碳酸氣，和人一樣沒有多大分別。它們是植物；但是並不等於一般植物。它們同樣有豐盛的生命，以大自然爲餐桌；但是並沒有葉綠素。

眞菌習慣生活在黑暗角落，沒有任何選擇；本身不能進行光合作用而自製養料，所以不需要陽光。

沒有陽光仍能存在，多使人羨慕。不必再在叢林間尋找出路，已安於陰暗、安於發霉的氣味，又能忍受翳熱；甚至再不把忍受作爲一種苦楚。

事實上，它們所需要的很少很少，祇依靠些微現成的有機物質和礦物鹽就能夠生長。試問在世間上還苛求一些什麼呢？

這樣卑微的生命，不輕易爲人察覺。它們靜悄悄地用菌蓋下的菌絲刻出自己生命的時間，靠窄窄的菌柄支撐自己。我想，小小的菌傘焉能抵擋得住那些突然急奔進林的獸蹄？

它們的過去更渺小、更微不足道。那些孢子隱藏在菌褶之間，完全不顯露出來。成熟的時候，隨空氣的飄蕩，飛到腐木上。眞菌特別喜歡相思樹和合歡樹的腐木；孢子萌發，怯怯地長出單核菌絲，再經過交結接合，又產生雙核菌絲，好像一絲絲要吸吮生命液汁的小絨毛，鑽呀鑽的，往腐木的深處鑽進去。我們滿以爲腐敗的木頭內，全是木質衰頹後一些不規則的空虛；可是，這種蕈一樣的植物却要追求它們的營養，從空虛中生存，長出子實體。

埋在下面柔柔的菌絲同樣不爲人們注意，沒有爭到表面來炫耀自己。子實體就是菌蓋和菌柄，最初小如受精卵。一生僅在散播時奔流，但同樣不由自主；靜止於一點上就不再移動。腐木上的世界比較安全一些，幽谷外邊的世界充滿危險。它們也恐怕樹頂以上撒下來的光是一片假象。是否它們的祖先試過給刺眼的光欺騙而變成盲目？

我來林間尋眞菌，好像要學習它們生存的哲學；其實我不知道自己爲了什麼。它們哼也不哼一句，默默蟄伏，因爲它們是蕈類，生命便應該在腐木這裏持續。

隱約間我聽到一種聲音：林裏雖然昏暗，這裏孕育的生命很短暫，但是還算是生命！那些錙銖般的孢子，天天增長，天天積聚水分。我的肉眼很難看見內裏奇妙的變幻；我甚至不知道腐木裏會有生長。腐木原來相等於春泥，相等於糞土。我漸漸明白，世間上沒有一種東西是無用的，腐朽的東西同樣可以孕育一切、製造生命。

李時珍「本草綱目」記載：「生深山之中，大木之上，泉水之側。」我已到深山，察看大木，在泉水之側尋求。可是，菌傘在那兒？菌絲在那兒？菌褶在那兒？菌柄在那兒？孢子呢？那一環抱的腐朽木幹蘊含無數的孢子？那一堆石間潮濕腐葉以前曾有過這些眞菌擎起它們的傘？

忽來的雨露，使孢子吸滿水分，不斷伸展膨脹，膨脹伸展；刹那間，本來是葫蘆形的子實體，變成雪白的蕈菌。

風吹過，氧氣化入其中。不旋踵，雪白自動染成茶褐色。這不屬於美麗的顏色，但是同時顯示出不是誘人的毒蕈。

滿眼眞菌。眞實的展露，生命的呈現；我還祈求什麼呢？我們一生都祇在尋求這一刻，因爲這一刻能夠確切地看見開啓和撐起時的快樂。

這些不會是異教徒視爲「聖物」的「幻覺磨菇」吧，不會是統治者要來混在土酒裏給蟻民喝下的毒蕈吧！不過，也不會是人們穿鑿附會的長生不老藥「靈芝草」！

它們名叫什麼全不相干、全不打緊、全沒關係。我僅能辨別出它們是眞菌的一種而已；還有一點可以肯定的，它們不能移植到強光處。它們沒有葉綠素，不是高等植物。乾熱使它們皺縮。

它們甚至不可以移植到更南的南方。縱使能夠生長，但是難以避免一種居羣間的變化現象，變成菌蓋小和菌柄細長，甚至荏弱而畸形。它們也不可以移植到北方，因爲對溫度濕度的反應極敏感。攝氏十二度就生長遲緩，五度以下子實體全數死去。它們註定生於斯、長於斯、死於斯！

無知的人們誣說是這些微不足道的眞菌使木材腐朽。事實上剛剛相反，是先有腐朽木頭才會滋生眞菌。或者，它們眞的由腐朽餘氣所生，一如人生瘤贅。它們過的「腐生」生活，不外想強壯和保存渺小的自己。它們有了個體之後，菌絲就能夠分泌多種不同的酶，去分解食物。老天，這種「腐生」不是罪過啊！它們不可能變成高大的常綠喬木，不可能吸收陽光進行光合作用，更不可能開花！

不能開花是一種存在的悲劇，可是孢子的繁殖同樣說明了存在的事實。

眞菌裏面包含了什麼？多種氨基酸，加蛋白質，加磷氮鉀鈉，加鎂硫鐵，加其他種種無機鹽等等。這些成分並不證明什麼，祇在眞菌存在時才有意義，不存在時猶如春泥般滋生其他個體。

有人傳說，這種眞菌是抗癌物體；等於古人說靈芝可以延年益壽。我們很難稽考。我祇知道一個事實，梅雨季節過後，這些具有實體的眞菌不再存在。日子的沖刷，使菌傘很快缺損。

一枚眞菌看着旁邊叢生的友儕先後崩倒時，那還可以歡慶自己倖存呢？它本身又能夠支持多久？生命到底朝不保夕。可幸它能夠吸飽水分、在狹小的空間伸展過、膨大過，對抗着滋育了它的陰暗和潮濕。

倏忽間，它們全在我眼前隱去。腐木依然，發霉味仍然存在不散。我了悟：眞菌的生存，不在於每個獨立個體，個體僅曇花一現；眞菌的生存，却在於那些看不見的孢子，它們綿延不斷；它們才是眞菌族！

我這個從遠處來的人，終於找到眞菌，看過它們展開。

一陣陣陰風又打林木枝枒間掠過，這裏蘊藏了一些訊息。泉水蕩漾中，我好像覺得自己也是一枚眞菌！

——一九八五年一月卅一日於蘭舍

梅痴

天寒地凍的冬天，又是雪虐風饕的日子。

北風入袖，那年的冰霜似也帶着塵埃。他被貶回故鄉，倒勝於謫居異地。但是朋儕替他惋惜；以他超人的才能，居然沒受重視，殊覺不值。弄權的人大概都盲了吧！

他心裏固然難受，却明白任誰一生中也有風雪的季節。四周空白無人，世界缺乏顏色，闃然死寂；除了眼前無數白點飄忽，一切似乎停止轉動。

自己看功名利祿之心太重了，背骨傴僂仍不勝負荷；有時倦也不行。倦亦不能掍去，還計較着榮辱，抵擋着紛擾；什麼時候才能夠棲心玄默，寧吾眞體呢？什麼地方可以適志恬愉，以養吾圓機呢？

人失意之時，才醒覺原來枯寂悽冷亦槁心之地。現今祇想尋找一個無懷境界。

暗香浮動。是什麼花香？朔雪覆地，一片蕭索寂寥，再也沒有半株古松傲立。萬木蒼蒼，全放棄了枝葉，形同放棄了原則，輕易向風雪投降，把自己的本有形態跟同個性一起剝個清光。

初時，他看不見什麼。奇妙的香，竟能夠破寒衝雪，撲鼻而來。

老爺，這是梅香。

嗨，浸在官場裏太久的鼻子，竟然這麼荒謬，分辨不出這些幽香來自自己最喜愛的梅花。霜寒鎖不住她的蕊，她在最低調的日子裏同樣吐香。

梅雪同色，人在此情此景中但見一片白濛濛。要觀其眞貌，須借其香去尋。

這是庭後一株孤單的古梅。百年老幹。枝椏樛曲萬狀，正是蒼蘚鱗皴，封滿花身。垂於枝間的苔鬚，隨北風飄動。疏影橫斜，勾劃出她的倔強，配合了她的蒼勁。

很久沒有閒情欣賞這樣美艷的孤梅了。他喜出望外，原來自己忘了世上還有「起如虬伯臥如槎」的羅浮仙子，珮玦繽紛，肌膚綽約，玉骨冰肌。一抹冷香驅走了心中那千堆凌厲冰霜。

忽然覺得，以前得意之時，黴逐的虛幻太多，自以爲得，其實是失。那時，他那有心安放這花中巢許，那有眼珠兒可以看見韻勝格高的癯仙。

現在貶謫，不爲時用，不爲世用；反覺目光淸明了一點兒，鼻子也恢復些兒嗅覺，可以嗅出香氣來。人皆以爲是冰寒悽慘吧，他却尋回久已失去的喜悅。失意使他有所得。這是人間最可寶貴的東西。

他開始着迷，戀上了這株風雪中給人忽略的孤梅。再不是浮光幻影，却屬於一種最忠於自己的眞實感覺。

自此，他不覺得疏瘦是一種寒愴，日夕與梅爲伴，樂爲梅花醉似泥，反覺香淸艷冷送來第一絲春意。歷年來營營役役，忙於公務，囿於人事，不識春意已久。那有空閒餘興去踏雪尋梅？縱使老天恒在上，自己何嘗肯略略舉頭看天。大大小小的人把自己圍攏，原來人堆中更顯孤單，人氣人喧掩蓋了多少本來放眼卽見的可愛東西。

他想起南北朝的陸凱與范蔚宗相善，寄梅相贈時所賦的四句詩：「折梅逢驛使，寄與隴頭人；江南無所有，聊贈一枝春。」

他現今並非一無所有，而是霍然醒覺，寒岩幽霧不是失意之境，殘雪猶封却是以往忽略了的美麗。他倒感謝這次的貶謫，不爲世用但能爲己用。眼前白白的粉點不再使人迷濛。他把鼻子索索，渾疑每一點雪也香透。看倦了，一闔眼，恍惚羅浮梅仙來訪，輕輕吻他的面頰。他伸手張眼，揑着的是面頰上一片飄下的梅瓣，像「軟軟的絲絨鞋」。

花落春猶在。不是悲哀，而是生的興致。

他舉剪把枝條修短，削去冗繁，生存的形態變成更簡單了。他愛上這株梅花，親自澆水和管理，爲了她明年再開花，必須花後把枝條壓回泥土，讓她重新發枝着芽，避免形成梅釘。

有一年，他忽然發覺梅樹的葉片顯出一些不尋常的斑紋，有些甚至枯黃脫落；看來，不像新陳代謝，應該是一種病態。

仲言兄，梅不耐澇，依我看，泰半因爲積水不疏通所致，大概淤塞了吧！溺愛會使梅樹淤塞嗎？他趕緊挖開附近泥土，陣陣臭味醺上來，中人欲嘔。那些可惡的汚水，不知從何而來。一株孤單的古梅居然也不放過？梅樹對於四周環境的汚染特別敏感，穢漬到底能傷雅潔，突來的莫名汚水能把生命潰爛。

他不可能移栽這麼大株的古梅，祇好努力排除汚水，截住汚水的來源。

梅樹的適應力可眞強，汚水去後，不消幾天，重吐新芽，始展新葉，再正常地生長。他喜上眉梢，默禱癯仙平安。這幾個年頭，他愛梅成痴；枝葉有什麼損傷，他猶如切膚之痛。又快一年。冬寒將過，但是孤單盡除，似乎沒有什麼可以煩亂他的心了。那晚，他披衣挑燈，對梅畫影，口中喃喃吟詠。老僕踉蹌而來，找他回去。

仲言兄，你總算守得雲開見月明。雖事隔數年，上方到底發覺委屈了你；知你之才竟不善用，是當權者一大錯失；現在你大可以塵劍重磨，吐氣揚眉。

人人替他高興，紛紛道賀他重獲賞識，再平步青雲。祇有他自己一個人鬱悶不已。

我不願意升級離去，我捨不得這株孤梅。

可是，他不願意結果也要離去了。

新的職務是個重擔，野心大的人會樂在其中。他不是那種人。向上爬的意義到底是什麼？

一種空虛，時刻襲上心頭。大家總爲他進入黃金時代，大可扶搖直上。有誰知道，他這個時候錯失的東西最多。

仲言兄，何必戀梅成狂？這些上了盆的九英蠟梅不是同樣艷俏？呸，品斯下矣的狗蠅，毛茛而已，怎麼可以跟那株空靈超逸、眞氣勃然的孤梅相比？甚至連磬口素心的名種也比不上。

四周又堆滿了大大小小的人，比較以前還沒貶謫時更擠了。獨對梅樹，了無人煙的境界已渺。塵俗之氣與囂喧之聲齊來。他掩着耳朶，心再不能靜，倦也不能息。人生「得意」之時，盡皆酬酢，張張僞善吹捧臉孔，貼面而至；幢幢魅影，陣陣鬼聲。

這裏也有些枝亂不成形的疙瘩梅，荏弱不堪；一望而知是人爲的摧殘。原來有個熱洞，生火增溫，人人砍下雪封遲開的梅花，放在熱洞內催花以應年節；還用人工方法拗曲粗枝，變成很多「死彎」與「活彎」。枝條是否拗斷，其實都半死不活。

熱洞內焗過的梅花，早開，很快脫落；花淡，黯然無色；蒼白，失去光彩。

他不忍看見這裏的殘梅。花過後，人人棄諸路衢；等於什麼東西都用後即扔。這是生命沒有了持續與繁衍時的悲哀。

他再忍受不住，決意請調回去，寧願降職；發覺貶謫與失意帶來無窮的福氣。上方不允。他不假思索，還是辭官歸故里吧！蒼勁隨意，不必應酬逢迎；虬枝自展，無須仰人顏色。事實上，他思梅成疾，繫念癯仙在他面頰上的輕吻。一生伺僂勞碌，總不及自由自在。

他不顧一切，放下世間人所羨慕和徵逐的東西，毅然回去。那天，適藉多殘。友輩都把他看作傻子痴子，說他反常，指他遺世。沒有人明白他眞正的心境。

步轉回塵，他踏回楊州的那個黃昏，剛好古梅的花又破雪綻放，香融皚雪。但見一樹白玉條，依然深情款款，默然無語。

四處闃靜無人，竟是生意最盛的時刻。

他喃喃吟詠：「雪處疑花蒲，花邊似雪廻」。眞像杜甫所寫「東閣觀梅動詩興，還如何遜在梅州」的句子。

他內心笑傲鎭天，此笑亦無聲。看着孤梅虬幹，喜悅湧現，欣欣然走近，情不自禁，環抱大樹。遠遠望去，他和梅樹結成一體。

塵埃盡去，孤冷冰清。雪花飄舞，他就融進一大片潔白之中，成爲白的整體了。

——一九八五年六月六日蘭舍

並蒂兜蘭

這麼多品種的兜蘭（拖鞋蘭），教我怎樣挑選呢？我喜歡原生種。「香港蘭花」一書記載：祇有港九新界才會自生這些原生種的兜蘭。這類記載多屬臆測和想當然。凡跑過華南一帶山嶺的人，憑觀察與經驗，也曉得這句話多麼謬誤。她們其實生長在華南一帶，伸展至廣西的山區。書本究竟是死的東西，經驗才是活的。

芸芸衆生，祇有這一株深深吸引住我。一切焦點集中在她的並蒂花苞上。

「並蒂的很少啊，這株準會開雙頭花。」老黃說。

我栽種一些中國蘭，像「翠蓋」、「綠雲」、「寰球荷鼎」，壯株可以長出並蒂花，但是十分罕有。

恍惚眼見矮墮而彎曲的花莖所承住的並蒂，化成莊周蝴蝶。兩片斑黃的綠葉，像爆開的坟塚。未來的消逝，却孕育在蕾兒包着的生命裏。

默默地等待。

一上一下的兩個花蕾，似乎每天更形豐滿。

期待帶來了希望，希望帶來了滿足。

祇不過是兩個並生的花蕾而已，却使人感覺是遼夐的天地。

「爸爸，兜蘭下邊的花蕾掉落在盆土上啊！」女兒大嚷：「你看，你看，是自然地掉下來的，怎會這樣子呢？我們沒有可能看見並蒂花了。」

我的心一沉，發覺女兒幾乎掉下淚水；細心察看，慢慢明白是什麼一回事了。花籜烘托着的兩個花蕾，上面的碩大，下面的生長比較緩慢而細小，變成上重下輕。不斷的發長，使上方的花蕾重甸甸，像無情的擔子壓下來。一夜之間，頷首低垂，下方的花蕾承受不住，脆弱的小花莖無聲地折斷，掉了下去。

開放並蒂花的夢想破滅。兩個親暱的花蕾並頭相偎的時間竟是這麼短。

女兒呆看盆土上的落蕾，懷念她最後一刻的存在。她知道，如果不扔掉，落蕾也會很快枯殘。

這是自然律造成的殘忍？兩枚會不斷生長壯大的蕾頭，竟然生長在狹小的空間。狹小而受規限，無法同時綻放那神奇的紫綠彩澤。必有一枚要犧牲、被逼剝落。是否爲了成全上方那朶拖鞋蘭，使他可以燦爛盛放？可惜，掉落而枯殘的東西，無法看見伴侶盛放的片刻。她又爲了什麼長出來呢？她的出現，祇爲了落下？

形同懸崖孤巢上的雛鷹，母親孵出兩隻來。可是，弱的一隻必然遭受淘汰的命運。只有生長快速強壯的一隻才可以獲得足夠的糧食，繼續生存。這是造物主的安排？是天演論？是存在的奧秘？

沒有選擇生與死的自由，未成形的生命會悄悄地隱失。

不是爲了鬥爭，並無敵意，生命也同樣受損害、遇創傷。但求安穩的依偎，結果那狹小的生存空間也難相容。

有誰知道，緩慢的生長，經過了多久的培育。沒有生長是容易的，可是掉落却這麼迅速；甚至一絲無聲的嗚咽也聽不見。

我揭開兩年前的筆記，是自已的字跡：「人總要接受分離的命運。這分離與犧牲自有深意。」

隱失，使人痛苦；痛苦，又使人覺醒。

沒有一種生命是能夠長久並存的。這雙並蒂的蓄頭不再共生，但是她們眞眞正正共生過，長在一起。雖是匆匆，然而永久活在我和女兒的記憶裏。

臙下的原生種兜蘭，很快展露他的豐采，副瓣徐徐向兩旁張開。垂下的舌兜活像一隻淺紫色拖鞋，盛着那份不可磨滅的愛。上面每一線條、每一斑點也是一份記憶。兜上短短的柱頭，等待受精。濶大而瀰漫青紫色線條的主瓣，像微微扯起的風帆；隨着斜斜彎出的花莖，欲飄上雲端，尋他並蒂的愛侶。

「不幸」，能夠賜予生命一種考驗。綻開亦痛苦，但是到頭來何嘗不是綻開？

我凝神細看，所見的不再是一朵大大的兜蘭，而是兩朵；是兩朵合而爲一，同一個形體，同一些線條，同一種青紫的色調。

我不由自主，喃喃唸出泰戈爾的詩句：

「……她飛越過陰暗，在大地上迸散着喜悅的光芒。珍惜她吧，因爲愛的禮物，就像脆弱的花朵，也像搖曳的燈火。」

「她走近我的心，像花草緊貼大地。她就是我的甜蜜，就如睡眠之於疲倦的四肢。……
……」

「我似乎可以看到你在燈堂中，注視着我。在那兒，開始與結尾交會。我的世界穿越過你開啓的門戶——你將死亡的杯子放在我唇上，並又注滿以生命。」

夾竹桃

十多年前的事了。

大厦停車場旁邊的小花圃，不知什麼時候多了兩株植物，大概是移植到來的；貌似小喬木，又似常綠灌木。植株姿態疏散，葉線狀披針形，革質，羽狀脈；莖直立光滑。淡紅色的重瓣花，好像一枝枝綴亂紅霞的桃花，湧進我孤傲的臉孔。芬香的靈魂開拓另一個無形的空間；用自然的節奏抗拒從四周撲過來的塵埃。僅是一幅堅固的牆阻隔着，依然擋不住近在咫尺的馬路侵來的廢氣和噪音。

香不知送向什麼地方，在空氣間和廢氣交戰，逐漸退隱，無聲地消失。城市祇讓香氣在限定的角落短暫地存在，一切自然的東西都會隱沒。人也很容易喪失自然的臉孔，用假笑謳歌文明的臭氣，任肺氣腫代替青綠健康的肺葉。

我們活在塵埃中，活在噪音裏，忘了鼻子本來有分辨花香的能力。我們低頭，看生活急促的腳步。何嘗肯略略舉首，看那似竹非竹的葉子、似桃非桃的桃紅花兒？

我養病。病給我帶來人生一點休閒。日常慣性的世故和虛僞，使生活失去光芒。原來文明城市的生活失掉軌跡。我們具有枯葉一般的痲木。乾癟的寂寞烤着我們的心，並沒有給忙碌淹沒。有時，因爲認不清楚眼前的植物，暗暗吃驚。人再認不出自己的顏面。

披針形的葉，重瓣的花，叫人忽覺原來心靈饑餓很久。我們愈來愈少接觸花木。一些花木在我們旁邊擦過，沒有誰再注意，沒有誰有閒情肯去欣賞。我們烤着寂寞，花木好像並不存在。誰能夠有知覺，感到葉尖和花瓣的震動，猶如蜻蜓抖動薄薄的翅兒，發出一絲絲幽韻。我們的毛孔，好像葉子底下隱藏着悚慄。表皮細胞的創痕略略搖晃，我們便忘記昨天的哭泣。

她說，這是夾竹桃，由於是桃紅花，花期比較白花夾竹桃和黃花夾竹桃長。初夏時節，便到處可以看見，花開至秋天還有餘暉。

不錯，是夾竹桃。她一句話打破了我這麼多年來的痲木和白內障般的盲瞽。我想起了周亮工的「閩小紀」，記憶使我的病容總算還可以容納一些光彩。「閩中夾竹桃，葉微如竹，花逼似桃，柔艷異常。予常謂友人曰：此陶靖章賦情詩也。千載後，猶時時見之。」

她從閩中來，最熟悉這種植物。雖然自己也日夕給塵埃和噪音燻染不成形，然而她的辨識力比我優勝。李衎的「竹譜」把夾竹桃算作竹。王象晉的「羣芳譜」又列入桃花之列。究竟是竹還是桃呢？

她說，我們也許是夾竹桃吧！我們究竟是竹還是桃呢？我們香港居民的身分是屬於什麼？我們一生追求什麼身分？怎樣在這冷漠的城市裏給人認可？抑或，一切不由自主，任別人把我們撥歸到竹譜花譜中任何一個系列。我們塵封，我們開花，我們隱失在限定的角落裏，認不清自己，也不知道自己是誰。海外華僑渾名「香蕉」，內裏怎樣拼命變白，外表還是那麼黃；但到底他們總算拼入香蕉類了。而我們香港的夾竹桃又怎麼樣？

她說，我們其實不是嶺南的原生種。我們是什麼呢？我們失去戶籍，難以稽考，猶如我們烤着寂寞，過的是失去記憶和數不清傷痕的日子。

她說，夾竹桃本名「枸那」，陳淏子的「花鏡」如是說。我從麻木中恢復了些兒記憶，夾竹桃的遠祖，大概從波斯和印度等地來的吧！是與不是，現在似乎已沒有多大關係。夾竹桃早就流落相失，落在這個四周都是大廈圍牆的小島上栽種了。它們習慣這裏的溫暖安樂窩，漸漸隱沒了自己本來的向陽性，再不能耐寒耐旱。但是，還留存「最喜者肥、不可穢墮」的習性。那是人性啊！

她說，這兩株夾竹桃每隔兩三年，應該大大地修剪一次，才會萌發出粗壯的新枝，開花更繁茂，甚至形成「三枝九頂」的美麗樹冠。可惜，我們祇忙於把自己歸入城市劃一的特快節奏裏，不知道有修剪這一回事。我們的「繁茂」，翻轉葉底來看時却是一大塊一大塊枯癟，裏面隱伏着無限悚慄。

她已不介意人們怎樣看她，怎樣把她歸類。她和我和每一株島上的夾竹桃一樣，祇生活着；把留下的創傷隱沒在失去焦點的視野裏。一切總會消失，另一些日子會接踵而來。秋天桃紅的花光華盡去時，除了長存內心裏，還可以留在什麼角落呢？失落中自有深意，但是我們沒有期待。僅有活着是可喜的。人像花，能活生生已算奇蹟。要低沉的讓他低沉吧！誰的生命不是似竹非竹，似桃非桃。這裏的生命根本上似是而非。

我們痛苦，因爲我們還要繁衍下一代。王世懋的夾竹桃詩雖然說「名花踰嶺至，婀娜自成陰」，可是，自成陰之後的割傷又有誰可以深切地體會？

始終要割傷的。生命裏難逃這一刼。

割傷也有好處，更有目的。割傷的痛苦具有繁衍和延續的意義。要夾竹桃繁殖，趁雨季時把邇近地面的枝條表皮割傷，壓入泥土裏；兩個月左右便可以生根，和母體分離。又或者，割下夾竹桃的分枝，插在水瓶內讓根浸出來，再栽在粗沙內，置於陰暗的地方，就能夠成活。

「花鏡」載：「分法在季春，以大竹管套於枝節間，用肥土塡貯，朝夕不失水，久之根生，截下另植，遂可得種矣。」

不論用什麼方法，總避不了割切的命運。生命是這個樣子。祇有這個樣子生命才繼續下去。

十多年後的今天，我仍然像這裏每一個人患着城市病。一九九七年香港主權的問題使她困擾。以前從閩中來，感到做殖民地居民的悲哀，殖民地思想的籠罩遂令她惶惑。現在她反而決定要走到外國去，寧願徹徹底底歸入「香蕉」類，也不做夾竹桃了。

她走時，抄錄了唐順之的夾竹桃詩，放在我的書桌上：

「桃竹舊傳分碧海，竹桃今見映朱欄。
春至芳香能共遠，秋來花葉不同殘。
疏英灼灼分叢發，密蕊菲菲對節攢。
不信千年能結子，錯疑竹實待棲鸞。」

昨天路過舊居的大厦，停車場一角的小花圃變了樣。兩株原植的夾竹桃早就枯萎。旁邊却有幾株較小的夾竹桃成長，姿態更疏散。恐怕它們也是用壓條法或插枝法繁衍吧！母體已不存在，隨痛苦的割傷而隱失。下一代更荏弱、更惶惑了。

那幅高高的大厦圍牆依然屹立，祇是頹敗殘舊了一些。牆外對開多建了一道天橋，使更多廢氣和噪音湧來。特快的劃一節奏沒有改變。感覺上比較以前更快更痲木而已。天橋疏導交通，貫串兩邊；可是，並沒有疏導我們的靈魂，沒有溝通我們的心坎。

那個大厦管理員不認識我這副陌生臉孔，瞪大眼冷漠地問：「你看什麼？你找誰？」

唉，可憐的小小夾竹桃！

枇杷果熟了

大厦圍牆旁邊那棵偌大枇杷樹的果實，清明節時終於熟了。我們看着它去年由叢叢小白花，變成青青小果子，再蛻化爲黃黃的枇杷，那段生命歷程可不容易，賜予我莫大的欣喜。記得三年前的枇杷樹，枝條給蟲兒蛀食，管理員剛換了新的，經常忘記澆水施肥；那年夏天又特別熱，葉子枯褐的更多。眼看它一天一天地憔悴下去，心裏一陣子疼痛。新的管理員自負而頑固，老是不聽我的提議，甚至故意和我對立似的，偏偏不肯依別人的說話去做，以示有自己的一套方法。我不曉得是自大還是自卑所引致。

幸好，枇杷樹爭氣，熬過了一關又一關。業主們住客們日常祇人來人往，有誰察覺生命重新發芽發根的艱辛？枇杷樹經歷不少滄桑。回溯更遠一點年分，隔鄰發生一次小火，黑煙橫捲過來，惡風推波助瀾，竊以爲它凶多吉少。

沒有人能夠了解，生命原來潛藏一種不可告人的韌力，只有自甘放棄的個體才輕易倒下。枇杷樹左邊幾乎全給燻黃，不消一個冬天和一個春天，它又努力另發新枝，照樣開花結果。它結的果兒很甜；現今在香港銅臭塵封的市區，相信別的枇杷樹再難結出這樣碩大甜美的枇杷果。

今年的果剛好配合季節，應該可以摘下來吃了。管理員向來視爲己有。上個星期住在大廈的孩子們想爬上枝頭採一些，也給他罵至狗血淋頭，他好像要獨享所有成果，我不曉得這是否身爲管理員應有的作風。

附近幾隻白頭翁，知道枇杷熟了，本能地飛來啄食，專門挑最甜最多汁的。管理員發覺後，不禁怒從心上起，惡向膽邊生，竟視之爲一種「掠奪」，好像侵損了他「私人的權益」。他的心理奧妙，認爲他天天管理和澆水，應該全歸他享有。

過了幾天，有人發覺附近地面上躺着幾隻白頭翁的屍體，看來是中毒，並非死於偶然。枇杷果當然沒有毒素，祇是人的心態難測。

人的霸佔慾可令我吃驚，再不懂什麼是分享。大家同是生命，如此一「管」，便變了另一種戕害！

草坡上不知名的植物

現今，面對着一大片整整齊齊的草坡，千篇一律，全是韓國草。據說外表青綠好看，管理容易，生長迅速，主要原因還是齊一，每一根草要一模一樣，好比穿了同一制服，大小粗幼色層也差不了許多，彼此容易認同，不會覺得誰超過誰。從那個角度看過去，像一片綠色的潮流。

正因爲有了「認同」，才可以容納。大家同一形態。風刮過，也隨卽齊齊向同一個方向低頭、彎腰，發出相同的聲音；然後，不會折斷，很有彈性的回到老位置，齊齊向天。

誰的鞋底踏過它們，它們不作聲，亦無從抗拒，祇好任由踐踏。自甘低下，也自甘被踏，以爲是天公地道的事。踏它們的人，在它們眼裏，是高高在上，像巨人國來的權威。每到了一個期間，電動刈草機把它們剷成「齊輯輯」，不許見參差。

說也奇怪，不知從什麼時候開始，草坡一角，長了一株不知名的植物，生長力強，好像剎那間長出來，僅僅高出衆草，但是開出來的小花，像薺菇花那麼孤挺自傲。由於枝莖堅直，風吹過，它不彎折，反而把一些內裏發出的幽香飄送開去。

管理草坡的人，終於發現這株不知名的野生植物，覺得「礙眼」。豈有此理，怎能與衆不同呢？這是「歧出」，悖乎劃一的政策，必須剷除。

誰不可以超過誰，不可以標榜不同的形態，不能見風不彎腰，在衆草中甚至不應該開花，不應該有香味。與別的不同就等於對立，對立就不能容許留在這個草坡。這裏祇可以容納老早認許的同一個色彩，這色彩卽是標準。世界每一方塊地方也得有標準，有標準才「執行方便」，不是全青綠色的，便屬黑色的東西；不全是同一尺寸的，便不合規格。草坡需要規格，否則不成爲風景的裝飾品，也不成爲現代都市人造的「大自然」。草坡不需要個人性，祇要每根草也如是。

不知名的植物，給刈掉；未幾，它又再長出來；未幾，又刈掉；它的根仍在泥土下面。

我想：它才是生命，它不會死的！

地車裏找花

現代人的「追求」有時很古怪，一方面希求方便快捷，用速度貫串人生，怕遇阻塞，一切都要計算準確，時間就是金錢；可是，另一方面，人鑽到不見天日的地底下發展時，却又希望從人工照明的漆黑中，要求飛馳而過的機器開花，在地車鐵軌下找種籽，在逼你不得不看的廣告大招牌面前講花香鳥語。

人接受了飛馳的生活，金錢早替代了速效性肥料，滋長一切。鐵皮鋼板合金，等於葉綠素。我們要做自己的上帝，但嘴邊狂嚷這個世界不公平，上天沒有特別予以照眷。

那不過是一系列的輸送系統。人們互不招呼，擦身而過，匆匆上、又匆匆落；大家却稱之爲「交通」。自動電梯送下一堆堆人，吐出來時縱使不像排山倒海，也似水銀瀉地。黃線不是泥土，是個記號，是一種危險邊緣的限制；但到了現代囚困於辦公室、課室、或工廠的人們眼中，可以變成幻覺，感到看見的是泥土。

車廂內搖搖晃晃，黑黝黝分隔的頭髮，若虹橋畫引。噴髮膠構成的枯草，剎那間長出不相連接的「草坪」。任何觀點都可扭曲角度。陣陣汗氣，嗅慣了，又何嘗不是蘭香？現代人心目中臭的東西也可以變作香，香已無一定的價值標準；祇有信與不信的問題。

你每分每秒不會確切地曉得自己其實身在何處；速度的推移埋葬你對方位的感覺。地下的世界僅有千篇一律而又敷衍式的聲音，告訴你下一站是什麼。那些大大的指示字眼，會把你帶引到泥土以上的地面。

有時候喉頭間枯涸異常，總乞靈水滴的灌溉。車廂內却不准飲食，這裏雨露不會來。輪子間的機油也搾不出一點清水。在沒有風的飛馳中，我們竟妄想找根。輪子就是我們的根。有了肉質的根又怎樣，誰可確定應該伸向何方？地車底下沒有水，鐵軌的河流不濕潤。月臺左右沒有風，可是舒服快捷的文明形同陽光。人們在繁榮聲裏何曾窺見隱伏的破敗與狼藉不堪。

整個地下車站是個可怕的大花盆。空氣變成乾乾的塘泥。人們要尋找的花，可能只是馬王堆漢墓的濕屍！

——寫於一九八五年六月六日生辰

壓條

我抖出預先磨利了的刀子，用一根頭髮試試刀鋒，把梔子花的粗壯枝條挑起來細看，選了中間部分，從底部開始，進行環狀剝皮。這是故意刻傷。有時祇在枝條下部，橫割一道縫，深達木質部，露出韌皮層的紋理。

這不是一種生命的傷害；也許生命受傷的時候多，人人都有太深的傷痕，容易變成驚弓之鳥。誰肯低頭體會一下，任何創傷，不論刻骨銘心的程度多麼深，都可以刺激新的生長。剝皮般的痛苦，是重新孕育的根源。

我喜歡發育良好和接近地面的較長枝條，因爲容易刻痕去皮後，拉下來彎入泥土之中。我用的是「彎壓法」。枝條埋的深度約十厘米，上端露出地面。壓條之前，先挖個泥穴，近母株那方要斜斜的，以便枝條能夠順勢而埋下去，免於過度用力而屈折。泥穴另一方則要垂直，好讓枝條上端直立地冒出泥土，將來離開母株後，仍保持屹立的骨氣，不須倚傍，更不必彎仰而畸形。

這一截枝條就此埋在土下，暫時與世隔絕，但不是淪落，却是在濡潤與陰暗之中，賜予自己一種堅忍。或者有人以爲委屈，他們不會明白沉鬱的潛力，祇希冀在虛浮和爲衆人所見的表面顯露刹那的繁華，什麼也要立竿見影，怎耐煩慢慢等待刻傷的下方生根？事實上，給木鈎固定於穴中的枝條，鎭壓期間，各節也發出新根。在工商業的繁榮社會裏，誰還重視個別的潛藏？人們祇要看到密密麻麻朶朶美麗的鮮花，但求成果，却不理會那艱苦悠長的過程。他們是「享受」的一代，拼命求眼前璀燦，何嘗深一層遠一點，想到壓條繁殖法？

新根從剝掉皮的韌皮層漸次長出來，努力建立自己，要成爲獨立的新株。那一點刻傷和埋壓又算得什麼？

新根堅實的時候，我拿起磨亮的剪刀，颼一下把枝條從母株那兒剪斷。清明時進行壓條，夏至時已可分離。

次年，獨立的新枝開出朶朶六瓣的白色梔子花，濃香撲鼻。人能像它，抵受一切剝皮、彎壓、潛藏，自有風骨，生命能從沉毅中再開始！

獨蒜蘭

假如你不大認識蘭花的話，一定覺得它的形狀古怪、生態不可思議。這種雲南獨蒜蘭，爲什麼可以光憑一個像蒜頭般大的蘭頭，就負起生存和繁殖後代的重要任務。

初看它着實有如還沒剝開的肥壯蒜頭，祇有短小的一片葉子，所以又稱爲一葉蘭。它不論在原生地，抑或被逼移栽別處，日常在生長期內，必須不斷吸取養分，使蘭頭漲大，貯存足夠營養。它的存在具有不可卸脫的責任，既不可能失去自然的形態，也不改變自己那個品種的習性。生命隱隱中有一種規律，一種節奏，猶如人的呼吸那麼均勻。轉易這規律這節奏祇意味生命的終止。

獨立唯一的那片葉子，原是綠油油的，自具挺直的姿勢，可是天天追蹤陽光，慢慢使自己變成傾斜。葉子也旨在完成應有的任務，讓單純的株體製造養料，供給存在所需。可是，這片葉子到了深秋，逐漸枯黃，隆冬前便脫落，肥漲的蘭頭變成光禿禿一片。寒流季節，亦毋須根鬚。本來它已根鬚稀少，現在同樣完成了存在的責任，縮萎、枯落。假如翻出來倒轉看，根基中央活像個有毛的肚臍眼，也好比流浪漢刮了一半鬍子，這時僅須放在濕水苔上，不必埋下。

葉梗斷去，祇有幾根鬍子殘存時，獨蒜的臃腫邊旁漲起，形同生瘤兒，底部肚臍眼伸出幾個嫩嫩的子芽，暗藏在下方，藏龍勿用。旁邊的瘤兒見龍在田，或躍在淵。瘤端冒出青綠小頭兒，勃起如指天矛槍。那是花莖，大約到了八十毫米高，那個如袖珍龜頭的青粉紅蕾，隨着季節的推移，微微開啓。翌晨，可見嬌滴滴粉紅的花、綑邊大大的蘭舌、鮮紫紅的暈點。花型比較下面的獨蒜大一倍；沒有葉子，假如埋了蘭頭，便像插花。

兩週後，花開始殘落，花莖亦枯萎，自動折斷。

另一闋樂章接續。母體慢慢皺縮和腐化。黑褐點的增加，使我知道裏面的細胞「老化」，耗盡養分；可是底部的幾個子株不知不覺間碩壯起來。不消數月，母體的蘭頭盡化成屍水，幾個子株又像獨立的大蒜頭長出獨一無二的葉子。

麻律坡兜蘭

很久以前，由於要找雲南大雪素這種上品的大理素馨蘭，我特意跑到昆明等地區，遊遍文山州、大理州、橫斷山脈和金沙江河谷等地區。近東川、曲靖、昭通一帶，還出產一種雲南特有的稀有品種「大紅硃砂」蘭。它們都代表了雲南一種綠油油和活生生的大自然「傳統」。

從昆明沿南盤江，經過文山再南下，便很接近越南邊境，那裏近北回歸線的位置。帶路的楊四叔說：「你不可以再跑過去了，那邊中越兩軍經常對峙。」

「我聽人說，雲南罕有的杏黃兜蘭，生長在邊境區附近的吧？」我所指的大陸兜蘭，香港人稱爲金拖鞋蘭。

楊四叔擺擺手，說：「不，杏黃兜蘭和飄帶兜蘭多數在近緬甸邊境那邊，要在保山和六庫那兒跑數日才能上山。不過，這兒有個小山坡，土生的村民稱爲麻律邦。全雲南獨有這個小山坡，出產一種極罕有的兜蘭，是硃砂紅色的，比較『大紅硃砂』的國蘭不遑多讓，幽澹自如。」

我好生奇怪，因爲，在任何蘭譜、書本、資料中，好像都沒有記載這種稀有的麻律坡兜蘭。我是個蘭狂，對於什麼稀罕的蘭花都有興趣蒐集和栽培，所以急忙追問：「可不可以採一兩株呢？那個山坡是否受嚴格保護？」

他兩眼充滿疑惑，不知怎樣回答我才好：「那些麻律坡兜蘭，沒有人看管，全屬野生，表面上它們的確生長自由，不受拘囚。可是，中越兩軍剛好時常在山坡兩邊對峙。這個山坡便變成三文治的夾心，所有人不敢前往採蘭。以前，更常有炮響；炮彈落在山坡那處，附近的兜蘭便遭殃。所以，現今已越來越少；有些山坡，更成焦土。」

我「啊」一聲，不禁打了個寒噤，替這些麻律坡兜蘭可惜。說也可憐，它們不能主宰自己的命運。除了這個小小的山坡可供存在之外，再沒有別的地方給它們容身。它們不像雲南大雪素和「大紅硃砂」蘭那樣名氣大，給人看中，植在名貴的蘭盆裏，置於溫室中或園子內。它們就是無可奈何在夾層中苟延殘喘。

舉凡在兩大集團中間的么么小民，又何嘗不是和這種兜蘭同一命運？

迷你文心蘭

那天初遇這個小女孩的時候，天正下大雨。

本來放晴，騰地雷聲隆隆，電光克刷閃過，豆般大的雨點密密地打下來。天氣這麼不穩定，難以揣測。

煜經過血液滲析法治療，有了很大轉機，但是，好端端的，突然失水過度，神智昏迷，不斷又瀉又吐。

我陪伴她已超過十小時，混身悃倦，幾乎眼皮也撐不起來。

護士長說：「李先生，你還是回家休息吧！尊夫人會慢慢好轉，醫生須要觀察二十四小時……。」

我想步出醫院時，這場雨把我困住。我逼不得已折回去，再垂頭走那道熟悉的白長廊。熟悉的白長廊，老早成爲我脚下的知己。

「我不要注射，不要懸吊着那一瓶一瓶東西。我祇要我的文心蘭，快把文心蘭給我啊！」是個小女孩窮嚷的聲音。

文心蘭？「蘭」這個字，凝結了我的脚步。

「小芳，乖，你現在有病，這盆植物萬萬不能放在床頭，醫生看見，會罵我的。待我暫時替你保管，稍後交回你的媽媽吧！」護士姑娘輕聲哄着她。

「不行，不行，這盆迷你文心蘭，是爸爸親自送給我的，我要……我要……」接着是小芳一連串的喘氣和嗆咳。護士姑娘顯得有點忙亂，不知道怎樣應付才好。

這是兒童病房，和煜的病房相距不遠。護士姑娘大多數熟悉我。

「讓我和她談談，可以嗎？」我說。

護士姑娘點點頭。

我把旁邊那盆嬌小的迷你文心蘭拿起來，看了看：「開始長出花莖了，是黃裙跳舞天使？」

臥在病床上叫小芳的女孩，眼睛一亮，奇怪地望着我：「你怎麼會知道呢？」

「我愛種蘭，國蘭洋蘭，什麼蘭花也栽種。我沒記錯這株文心蘭的名字吧！」

「嗨，我的爸爸祇愛種洋蘭……」

「植料這麼乾，假球莖和葉邊有點皺，準是缺水，我幫你忙，澆些水好嗎？」

小芳點頭同意，很平靜地和我聊起來，任由護士姑娘替她量血壓、抽血、注射。她原來和煜一樣，很能忍痛。大概我娓娓道出迷你文心蘭的趣事，使她淡忘了什麼是痛楚。

我走出病房門口，護士姑娘低聲說：「這小女孩頂可憐。她的爸爸媽媽幾個月前離婚……。」

「她患什麼病？」我關切地問。

護士姑娘頓了頓，嚥下一口唾沫，半吞半吐：「懷疑是……是……白血球過多症。」

我一怔，心涼了半截。

以後的幾天，我每個上午和每個下午往看煜的時候，總順道找小芳。每次，她一看見我便幾乎跳了起來。護士姑娘背地向我說：「她見了你，比較見她的媽媽還開心。」

「她的爸爸有沒有來看她？」我問。

護士姑娘搖搖頭：「據說，她入院之前，爸爸剛好去了歐洲。」

煜出院後，過了一星期才回到醫院覆診。我特地走到小芳的病房，當初預料她可能已回家療養。可是，她仍躺在那兒，面色更蒼白唬人。

「救救它吧，求你，救救我的文心蘭！」她看見我，立即嚎啕大哭。

几上的迷你文心蘭，很乾，還沒有開花，全株縐態畢呈，瀕於萎頓，花莖的生長點也好像有點枯殘。

「醫院不大通風，四周藥水味太濃，不適宜黃裙跳舞天使生長。容許我暫時帶回去栽種嗎？信任我不？」我說。

小芳淚汪汪，毫不猶豫，表示絕對信任，好像感覺到我是一個知蘭性、懂蘭語的人。

「你是它唯一的救星。」她繼續啜泣，但是，看不見自己面無血色的蒼白。

「多謝你對我的信任。人與人之間最重要的是信任，同意嗎？」

「爸爸說，人與人之間最重要的却是愛！」

我楞住，訥訥地說：「你的迷你文心蘭一定不會萎掉。花盛開、跳舞天使舞出來的時候，我會把它帶回來給你。那時，你很可能出了院，我送到你的家裏吧！」

她的信任，對我是精神上一大重擔。

我把盆裏的科學泥倒出來，換了一些種蘭用的芒骨和水苔。放在太陽光管下面的通風位置，每天照射十二小時，活像替一個病人治療。

這株迷你文心蘭嬌小，但是生長力十分強，拼命堅持下去，假球莖很快變得飽滿，葉子也油綠多了。我對於它，滿懷信心；祇是仍然有些擔心，我擔心的是它的小主人。每天，我爲她祈禱。

過了一段日子，文心蘭慢慢地開出一朵一朵鮮黃色的花，像二十多個穿黃裙、長着一雙黃色翅膀的小天使，在青翠而細長的花莖上翩翩起舞。

我很清楚，她們的舞蹈能夠維持一個多月。大部分的文心蘭和跳舞蘭花期都較長。

我凝視，心也飛起來，跟黃裙跳舞天使一塊兒搖曳、舞動。形是旋律、色是節拍，每一個姿勢都是一種歡欣。

我興高彩烈，捧着文心蘭，跑到小芳給我的地址。我希望她看了也分享這分歡欣。

「搬了。」管理員冷漠地說：「不知道搬到那兒去。」

我祇好轉到醫院去，找那間病房的護士姑娘。

「你不知道嗎？」

我詫異。

「小芳上星期不治，離開這個世界。」

歡欣變成悲哀，我半晌說不出話來。

我捧着盛放的跳舞天使，踏出醫院，才猛然發覺天放晴，陽光十分刺眼，濕度低，唇瓣也有點乾裂了。

事隔兩年，小芳固然已在天國，煜亦已飛往那兒。她們會在天上遇見嗎？

這盆迷你文心蘭，現在仍然放在我的蘭室內，每年同一個季節，必定有黃裙小天使舞出空靈。

幽山谷素

蓮出污泥而不染，但是，蓮不是獨一無二，不是這麼罕有。我祇喜歡獨一無二罕有的東西。

如果不是蘭中伯樂，不是蕙中的鍾子期，也許你會看不出她是這麼一株具有獨特氣質和慧根的蘭。

她不過生長在衆多蕪草之間，給四周圍太千篇一律的綠色遮蓋了。

她開過幽香的花，可惜沒有人察覺。傖夫俗子走過，只把汗水滴在她的半垂葉上面。有誰知道，她的早香直昇天宇，晚香緩緩向四方八面流移呢？她就是聳立着，讓微風吹去她腰間的痠痛，等待早晚相差十多度的氣溫來臨，以便再次開花。

「花香欲破禪」。可是，第一次的開啓，竟成爲痛苦的根源。

生命中，最怕遇上梅雨時節，四周一片片潮濕，把她的新芽也浸腐。接踵而來的炎夏，比較日常特別熱。她身旁那株枯樹，給一場風吹倒了，再不可能施捨一些蔭蔽給她。

烈日就這樣曬在她嬌嫩的葉子上。葉端的焦黃直向葉基蔓延下去。她忍受着熱騰騰的空氣，芽頭仍竭力地堅持，向一種無形而又無情的命運抗爭。

她沒有低頭。露水從她僅餘的兩片焦葉上滴落，化作無聲的嗚咽。

「春不出，夏不日。」這是任何中國蘭生長的要訣。春不出，才能避去梅雨時節的雨水摧殘。夏不日，才能免除陽光烈燄的直接傷害。不幸，那僅有的蔭蔽也從她的葉邊消失了。本來可以幫助自己製造養分的陽光，也變成一種難耐的煎熬。枯倒的大樹不會再理會她隱埋在葉脈間的痛楚。空心的大樹並沒有和蘭根連成一體。唉，自私的枯樹！多年來與他爲伴，但是那種冷漠和愚昧，還有什麼可以留戀的地方？

僅餘下的葉片，終於完全卸掉；祇賸下禿禿的芽頭，仍是那麼漲滿，那麼堅持。

落去葉子的蘭，在衆多蕪草之間，還有誰可以辨認出來？她努力把自己支持在風化石子的夾縫間，不使自己墮下。驚人的堅持，倔強的生命力！

她所生存的環境每當遇上滂沱大雨，便很容易變成無底的浮沙。沒有人知曉她的陷落，沒有人了解她的堅持，更沒有人明白一枚蘭芽怎樣熱愛生命。

「秋不乾，多不冷。」然而，光禿禿卸去葉子的芽頭，一年復一年地獨自承受秋天的乾和冬天的冷。蘭的生長特性，本來是不能在秋天乾旱無水，不能在冬天冷壞蘭根的。

這是奇蹟，我從來不曾見過一株在衆多蕪艾間的蘭，單靠自己茁壯的芽頭，捱過四個寒暑。她的根也逐漸熬不住，開始萎縮。芽頭外層的皮，開始枯皺。你以爲她就這樣萎掉嗎？不，絕不，芽頭內裏原來還有無比的綠，蘊藏無比的營養汁。她要存在，要等待，要尋求那一陣使她復甦的清風。

「清風脫然至，見別蕭艾中。」

她的芽頭披露在清風之中，不斷向上探索。終於，讓我這個失落的過客，發現了她的存在。

我曾步過，那時她還是剛剛長出關節環的新莖。那時我沒有注意是一株這麼熱愛生命的幽山谷蘭，更不知道這麼獨一無二。那時並沒有那種緣分，不懂得以纖細的心靈體悟。那時沒有經過風吹雨打後的那分成熟。

是生命中很大的驚喜，一種無形的交流，顯出她的優雅宜人，潛伏了無盡的韌力。一枚蘭頭，竟有異乎尋常的持久力和強勁的生命力。

儘管卸去這麼多葉片，儘管經歷這麼多風霜，祇要還殘存一點兒根，芽頭仍可以生長下去。

今年春天，她的芽頭開始長出新莖，四片新葉子特別油綠。她的堅持和等待，終於獲得一個結果，也就是她久已等待和要去尋求的答案。

如果一粒麥子不死，仍是一粒。如果一片片舊的葉子不卸落，仍是這麼焦枯。如果過去的不過去，仍是一枚光禿禿的蘭頭……。

我又一次證明，可以與蘭傳心，與蘭交融。祇要用無盡的愛去關懷，便能注入活的生命。

生命縱然埋在地下，總會使愛新生。

「落地的煙，請讓他重新升起……」我輕輕唸出楊牧的詩句。她再度盛開的時候，祇有我能夠辨認出這是獨一無二的幽山谷素！

養蘭如養孩子的老人

人說老麥是個怪人，日常克勤克儉，把賺到儲到的錢全用在蘭蕙方面。他眼光獨到，比較玩古董玩名畫的專家還厲害。他專門搜尋珍罕的國蘭品種，盡量不想落在蘭商手裏。他對蘭商懷有很深的偏見，認爲是現代商業文明的「魔鬼化身」；無論表面上多忠厚多殷實，到頭來仍不外爲了圖利，不擇手段，罔顧一切友情與道義。

老麥感慨地說：「他們大都把蘭蕙當作工業產品般看待，沒留半點感情。這到底是個商業至上的世界。陳映眞寫的『華盛頓大樓』沒有寫錯。」他又說：「我養蘭就等於養自己的孩子，誰人有不愛自己孩子的道理？誰願意孩子落入販賣人口的人手裏？」大家指他太偏激，不應該一竹篙打翻一船人。

他從不肯把一株蘭蕙割讓給商人，但是他和山間採蘭的土著十分友善。那些臺灣土著都靠大自然生活，却不懂得利用時機盈利。老麥嚷道：「那些商人則不同了，替蘭亂扣帽子，胡亂用活力素用農藥去催生，好端端地把珍品分割成寒傖而孤單的一枝一枝，眞是狠心；又把名蘭「炒」至全不合理的天文數字，投機取巧，巧立名目；貴品却不讓它們開花，以便保存營養長多些芽，也就等於發多些財。唉，給激素或催芽素等現代藥物噴過的蘭蕙，容易失去天然性，本來的生長因子和程序大混亂。他們遇上純眞無知而對蘭却滿懷愛心的人，更極盡欺詐的能事，鼓其如簧之舌，推銷老病弱或有問題的蘭株，使有愛心的人種至半生不死，一籌莫展。有愛心也變成沒愛心了。」

二十多年來，他耐心地一個品種一個品種的搜尋，悉心栽培。有些品種轉換了環境，着實很難栽種的。他從不氣餒，從不肯放棄，祇不斷研究，不斷體驗。看來，他欣賞和深愛這些蘭，而這些蘭也同樣欣賞和深愛他，正所謂深慶得人。

最近有一天，他突然腦溢血，行動不便，急需大筆醫藥費，坦言經濟情況很差；但是仍不肯把他的蘭蕙賣給蘭商。他千方百計，通過一個朋友找我，希望我幫他的忙，拿走他一部分蘭蕙回港，繼續栽種和繁殖；因爲他實在沒有以前那麼多精力和時間照拂。「條件」是給他一些現款應急。

「我又不是蘭商，爲什麼你肯割愛呢？君子不乘人之危，亦不奪人之所好。」我說。

他囁嚅：「正因爲你不是牟利的蘭商，我才找你。我看過你在港臺等地很多寫蘭的文字。我相信你是我目前唯一可以信託的人。」

老麥似乎言重了一點兒，可是我同樣是個愛蘭的人，自然地深深體會他的眞意。他對我很信任；人難得對一個素未謀面的人信任的。現代只重工商業的社會裏，人與人之間祇有投機與利用，祇有欺詐與無情。大家的關係就繫於一宗一宗的交易。大家互相計較營謀，甚至感情也轉變成爲生意與盈利的手段。我很久沒聽到人這樣誠懇地說出「信任」的字眼。他並非故意送帽子我戴，而可說是一種「同心之言」，因爲對於商業社會一些現狀和時弊，我亦有同感，深覺共鳴。

老麥活像緊握着一個二十多年老朋友的手，向我千叮萬囑，縷述我選去的那些珍罕品種不同的特性，要我一一牢記。他幾乎有點依依不捨的哭了出來：「老弟，麻煩你以後好好照顧我這些孩子。」語調間，好像眞的把親生骨肉送給我來收養。他艱苦搜集了這麼多年，還要碰上花緣，才尋得這些罕品；又累積了很多寶貴經驗，才捉摸到每個蘭孩子的性情。我雖然給了他一大筆錢，但是仍耿耿於懷，覺得自己佔了他的便宜。站在我自己這一方面而言，除了肉刺地花掉些錢，但能得「心頭之好」，實在機會難逢，正所謂得來全不費工夫。世上有些東西，可遇而不可求，日常有錢也買不到的。比方這些難遇的珍品所帶給我的喜悅，好像一個父親又添了寶貝孩子。

老麥在我匆匆離去之前，問我：「你怎會喜歡種起國蘭來呢？」

我想，人生孤獨而單調；特別是物質過盛的工商業文明，使我們心靈中不知不覺間已流失了很多更寶貴的東西，我們太習慣於沒有情與理的人際關係而痲木了自己，祇活在精神更空虛和狹隘的空間。我沒有把眞正的原因說出來，事實上我自己也不大清楚。我祇幽默地反問他：「你又爲什麼會養起這些孩子來呢？」我們，相顧而笑！

他相信我不會把他這些蘭孩子亂分割亂下藥，更不會把他的孩子拿去展覽炫人或利用來牟取暴利。老麥還賸下很多珍罕品種給自己繼續種下去，但他覺得自己好像時日已無多，總有一天在自己升天後，要把餘下的罕品易手。他唏噓地向我說：「一生辛苦聚得的寶貴東西，經日夕搜尋，花盡心血時間；到頭來，還不免會散的。我算交老運，找到一個知音，一個可以信託的人。」

他就以無聲的嗚咽，送走了他的蘭孩子。

花瓶水

生平最怕傾倒花瓶水。積聚了一段日子以後，那種臭氣中人欲嘔，比較溝渠死水更難叫人忍受。

同是一小罎死水，縱然沒有聚生蚊蚋，可是那種不流通的迂腐味，簡直把人窒息。本來倒掉換過新的，裏面好像又變成一番似是鮮活的景致。回心一想，到底困在狹窄空間內，能夠猷滯多久而仍能保持清新？

瓶內少量的水，本身也無可奈何，誰教它是流動的液體，隨物賦形；給人注到那兒，便依附在那兒去鑄造「自己」的所謂「形象」。身爲花瓶內的水，可以熬多少天不開始發臭？花瓶絕非源頭。給利用完了的東西，不消幾天已成糞溺；人非揑緊鼻子立卽倒掉而不快。它比較秋後扇更快見捐，却不屬於新陳代謝。

表面上猶如「一代新人換舊人」；由清鮮變爲腐臭後，人們會說竭盡了「社會功能」，應該除之而不讓其淤積。

事實上，花瓶水確有過它片刻的「功用」，以自己的組織分子供養被人切割下來的瓶花。這種「犧牲」沒有人感激，祇認為理所當然。盛載它的那具美麗艄觫花瓶，雖屬仿製品，但徹頭徹尾符合這個時代所要求的「包裝」，以冒充「優質貨」的次等瓷質炫人，遮蓋了水的容貌，亦同時暫掩住瓶水變質的臭氣，不致於在雅緻的場面中外洩。

那些切花上半部呈示人前，艷姿濃香迷人。誰會用想像力根尋它們的基脚和切口？吸水的地方同時是逐漸霉腐的地方。浸壞了的外層細胞組織與內層細胞組織變黑，也顯示世間表面上有「生命」的東西都在變質，除了花瓶外誰可永恒？甚至花瓶本身亦會隨時給人砸碎與不小心跌破。瓶花且莫笑！

吸水如吸血，將清鮮化成腐臭，並非永為嬌寵；其實自己早就斷去生命的根，再無延續力。很快有這麼一天，隨換過了多次的瓶水一併丟棄，發覺原來和瓶中死水同一命運！

小斜坡·小花圃

我們決定把這個小小斜坡變成一片綠草，同時把小斜坡下面的一小塊地圍成花圃。我們深深明白，這樣不像城市面貌；好比偸取一角，劫去三合土與機器所佔據着的一些空間。可是，我們覺得這個小空間很寶貴，遠勝於古代的皇宮堡壘，或現今宏偉的商業大樓。這小斜坡與小花圃，沒有什麼經濟價值，當然對於財經及政局不能起絲毫作用。

我們天天給生活牽着鼻子走，祇希望能夠看見一點兒綠，能夠栽植自己喜愛的一些花，增添生命多些姿彩；在卑微與疲憊中，心靈歇息一會兒，來點芬芳淸麗的接觸，嗅嗅早已忘掉而失去已久的泥土味和種籽味。不要以爲祇有鈔票才有味，祇有文件上的印章才有味；原來種籽的氣味，使我們覺得自己的鼻子仍有嗅覺，還可以分辨出微弱的自然氣息，裏面蘊藏生命的喜悅。

不過，有時大自然的力量，並非微弱，而是巨大。我們辛辛苦苦壓緊了小斜坡的基土，耙平了表土外層，把微不足道的種籽混和了藍綠色的催生液體，噴灑表土上。表土立卽像染藍的牛仔布，改變了原有色彩。我們再把薄薄的保濕「塑膠膜」拉平，輕輕地鋪蓋上去，用釘子在兩邊釘牢，怕風吹走了下面的種籽，也怕在城市吃慣雜食的鳥兒飛來，牠們是久而不聞種籽味的「種籽饑渴者」。

我們做好了每一步應做的工夫，也在小花圃內撒下花種，把苗床上長出根葉的幼苗拿來定植。我們很忙，很疲乏，生活賸下和「施捨」給我們的公餘時間不多，可是我們像完成了一項任務，心裏說不出的愉快。以後，也需要悉心培育、關懷、與照顧。

六月天，正是雨季來臨的日子，那年大雨持續很久，雨點打穿了塑膠薄膜，黃泥水冲去表土種籽，留下一道道傷痕似的小坑，冲積在下方的小花圃上，覆蓋了所有幼苗，浸壞了大部份花種。

我們看着凌亂的局面，我說：「我們可以從頭來過，小小生命可以整頓，也可重鑄！」

祈禱草

人們稱它爲「孔雀多葉」，也有人叫作「五彩葛鬱金」，其實屬於斑葉竹芋。然而，它是會動的「祈禱草」。每個黃昏，它慢慢把所有像孔雀羽毛的一片片葉子合十起來，有如虔誠的教徒合掌祈禱，願生活和平、安謐、沒有病痛，替自己祝福。晨光稀微，它例必慢慢把葉子向四方八面展開，承受生活給予的一切。有時陰霾密布，大雨欲滴，濕度高、氣壓低的時候，它更形舒展，像很多橫臥的彩扇。

人們知道，它從荷蘭運來，事實上原產於巴西日蔭而濕熱的地區。我初時祇知道它不能給陽光直射，也不耐寒。冬天的時候，每一片葉子的邊緣枯褐了，把孔雀羽毛變成憔悴。生命遇上逆境，大概只能用枯褐暫時包裹自己，以期減少養份消耗，增加禦寒能力。本來是美葉種，但任何生命沒有可能時時刻刻都是這麼美的。

有人說，它怕香港空氣中所含有的一些不明微粒，可能是繁榮的物質化城市散發出來的污染物體。也有人說，它缺乏鐵質，所以逐漸變黃；但是不論施多少次「礬肥水」，也無濟於事。尤其是寒冷的冬天，低於攝氏表十五度，它不再吸收。每一個生命，也有本身原生的習性，生命隱隱中有其自然的規律，沒有誰具有方法，制止它青綠與美麗的斑紋消失。

不忍心也得忍心；甚至葉莖亦開始枯褐，合十祈禱的姿勢扭曲不成形，像僵硬殘障的掌，空手豎起，無力展開。沒有其他辦法了，我衹好提起剪刀，剪去一根葉莖又一根；最後發覺，盆中所有殘莖殘葉都給我剪掉，賸下一個一個切口，啡褐色，好比氧化了的鮮血，恍惚是小小墓碑。

大家異口同聲：「丟掉它吧，全枯萎啦，還有什麼價值？」我有點捨不得，搬進屋內，放在窗角，壓根兒沒把它當作死去，繼續隔天澆水。一個可愛但亦可怕的幻覺，覺得那些葉子變成無形，仍在祈禱、伸展。

大家以爲我瘋了。就在翌年四月，一根根新的葉芽破着沉重的厚泥，慢慢旋轉而出，掌更大，斑紋更明朗，像小卷軸慢慢揚開去。

生命有一種力量潛伏，帶來信念。

種籽包

她的確有點兒古怪。她喜歡種籽，可是從沒有見過自己搜尋的種籽之眞正面貌。爲什麼這麼奇妙呢？原來，她四處蒐購品種不同的種籽包，看見包上拍攝出來的花卉有趣，便買下來。價目有限，不過幾塊錢而已！

她網羅的品種愈積愈多，每一種也小心翼翼輕放在大櫃的抽屜內，她稱爲「種籽櫃」，其實叫作「種籽包櫃」更爲適當，她依照拉丁學名或希臘學名字母的先後次序編排，但是沒有分類。她不是研究植物學的，也不是個喜歡種植或喜歡種籽的人，而祇對種籽外的漂亮包裝有興趣。

她珍之重之，自始至終沒有拆開任何一個種籽包，深怕撕破小小一角，同樣破壞了包裝的完美，甚至恐防剪開一道微縫，立即會洩漏裏面的秘密。所以，如果你問她，這包種籽或那包種籽是什麼模樣兒，她一定不知道。至於怎樣栽種，種出什麼葉，開出什麼花、結出什麼果來，她更不知道，也不理會。總言之，輕輕按壓種籽包時，感覺到一顆顆很微細和硬硬的東西。

究竟他們還有什麼生長力？是否乾枯或霉爛而發不了芽呢？這些對於她來說，已無關痛癢。她有興趣的不是生機和滋長。她毋須水份、毋須泥土、毋須培育盆或花盆、更毋須肥料和陽光。

老實說，她最怕陽光，不是怕曬壞裏面的種籽，而是怕種籽包上的彩圖很快曬褪了顏色，好比白蝕或溶解開去時，失去光彩，減低了她收集的價值。

沒有人明白，她爲什麼愛買種籽包却不愛下種。她害怕什麼呢？爲何她有這種癖好？可憐的種籽，永遠囚在種籽包內，失去它們的原有繁殖功能。可憐的種籽包，又永遠囚在抽屜內，忍受齷齪黑暗的小空間，在互相擠疊的情況下，壓得緊緊的，根本上看不見彼此的面目。抽屜內沒有植料，而且必須保持乾燥。

她却樂此不疲，視爲生命的一種消磨！

杜鵑花與銀漆油

每次我走過那座大厦附近的時候，總多少感到有點兒欣喜。因爲四周圍着的鐵柵旁邊，有一排綠油油的灌木和其他種類植物。其中有三棵粉紅色花的杜鵑，每年開起來特別燦爛，使人想起蘇世讓的四句詩：「際曉紅蒸海上霞，石崖沙岸任欹斜。杜鵑也報春消息，先放東風一樹花。」

杜鵑的中間，混雜了一些嬌小的蜜蜂花和小桂花，最末的一棵是矮小的夾竹桃。這個窄長的小小花圃，竟然在鐵柵的外邊，點綴着人車熙來攘往交織成的城市風景。

最近走過時，赫然看見有兩名油漆工人，正拿着噴壺，手勢十分熟練地在噴那些塵封銹蝕了的鐵柵。他們老早鏟去了鐵銹，塗上一層橙色底油；但視若無睹，任由那些透過鐵柵空隙的銀色油漆，亂濺在鮮嫩的綠葉上。它們剛剛從枝頭抽發新葉新芽。最目不忍睹的是粉蕾滿枝頭的杜鵑，正欲含苞吐艷，不少花蕾也全染上恐怖的銀色油漆，瀰漫了一種中人欲嘔的「化學性」氣味。

我終於忍不住，趨前客氣地向距離不遠的管理員說：「這樣子亂噴，有傷那些植物生態，可能把它們弄死的。可不可以用些報紙遮蓋住才噴呢？不會太麻煩吧！」

管理員初時木無表情，繼而冷笑兩聲：「先生，你是本大厦的業主抑或住客呢？又關你什麼事？我們大厦要粉飾外牆，裝修起來「好好睇睇」。那管得着那些閒花野草？它們又不屬於本大厦範圍之內，怎理得它們的死活？」

「你們不覺得有了這些植物美觀些嗎？」

「我們不須要那些爛草爛樹仔，祇須要噴漆油，完成我們的工作和任務。」那個噴漆油師傅原來把我的說話聽進耳裏，悻悻然插腔。他身旁那個拍檔，隨即故意把漆油噴向一株蜜蜂花上，哈哈大笑，好像樂不可支。

「我可以見見你們業主立案法團的負責人嗎？」

管理員有點得意洋洋：「他們主張把這些花木全部剷除掉哩！」我欲挽救無從，我到底是個局外人！

水仙球的閹割

有時覺得，一個人就像個水仙球，屬秋植的球根花卉，在什麼也熱中的炎夏，把自己潛伏起來，好比休眠的模樣。人總應懂得潛藏，才能在秋涼以後，甚至冬寒時期，隱伏在不爲人見的地方不斷生長，鱗片一層一層增多變大，貯存養分。

誰叫你天生就是三倍體植物，具有高度不孕性呢？在這個難以交媾的年代，縱使衆多同類包圍着也無法授粉。現代人的生態是於孤單中分生自己，無法進行有性繁殖。表面上雖然「甚多情爲我香成陣」、「蜂黃暗偷暈、翠翹攲鬢」，雖然生來子房膨大；可是，種籽內裏空癟，要靠兩側的小鱗莖繁殖自己。

就是因爲這種不孕性和失去性交的本領，使人把球從地下挖出來。你得依賴天生的表皮外殼，抗拒過多的濕度，把自己保持乾爽，苦待花期到來。祇要你碩壯多內芽，人們會把你好好的包裝和宣傳。

你計算着開花的時節，爲了生長，而甘受刀割的痛苦。這原本也算不上什麼，因爲爆破可以助長內芽抽生。那些包涵在重重鱗片裏的淡黃色內芽，便是未來娉婷的葉子。葉芽內包裹着嫩嫩的花芽，它們都這麼有秩序地排列，構成了一個整體。如果沒有那痛苦的割切，會窒礙了內芽的爆裂，葉片和花莖難以標發，不能伸展自如，更趕不及時節開花了。

可是，衆生偏不喜你直立與自然地生長，總要把生命彎曲、加以刮削，以抵俯卑屈的形態作爲時尚，力求畸形的「美」。生命有時就是任由他人擺佈。他們要你將來彎向那一邊，便在那邊剝去泰半鱗片，把你那邊內芽的葉緣三分一和花莖四分一細心削去。整個水仙球都在他們的掌握之中，他們不會問你的意願，不會理會你徹骨的痛苦，祇視你爲雕刻材料，忘記你有活生生的生命。你不能再直伸向上方綻放，僅能盤屈蜿蜒，在給刮削失去原性之後，痛苦地生長，力求自成格局，在歪曲的情況下開花！

你就變成了蟹爪水仙。

紅煜

最初，總是替這個品種的山採蘭叫屈。葉兒搖曳生姿，曲線玲瓏，弧線吐出蘭語，翠綠滲進清幽。雖屬矮種，但是修長堅直的花莖，幾可傲山。花形配襯葉姿，一字平肩，瓣紅似火，舌比煜暉。眞個「對之如靈均，冠佩不敢燕」。可是，給人從山中採下來，並不爲人賞識，而且人把她當作草艾。因爲她沒有名字。

凡是名品，必然有名堂。有了名堂，才入品鑑、算作高貴品種。

她祇是無名氏，那又有什麼關係呢？

本來，蘭在幽林亦自芳，何必一定要有人欣賞，要覓得同心？她可以和衆草共蕪沒，不用乞求人賞識。

我深自慶幸，能夠在蘭園相遇，把她携回家裏，細心栽培。

山採的中國蘭，栽在高身盆子中，因爲變換了環境，每多卸葉。透紅的花，縮短了開放期，漸漸萎謝。她好像輕柔地說：「孤芳一衰歇，凋零逕秋露；佩照得君子，亦足慰遲暮。」

我忍痛把她的花莖剪掉，深信來年會開出更紅更美的花。

到底自己親手種植出來的花，才是眞正屬於自己的花，才會馨香。

每天，將心比心，我與她合而爲一。我緊記着教我種中國蘭的老余那番話：「栽培的人，要設想自己是蘭，也就是以愛的力量使自己變爲蘭，悉心熟諳蘭的習性。炎夏時，你感覺唇乾舌燥，就應該給她所需要的水份。你覺得徐徐吹來的微風舒暢，那麽，應當是蘭花最喜歡的風。你在烈日曝曬之下吃不消，蘭花亦無法忍受驕陽的摧殘。」

翌年，這株山採蘭開出更紅更有氣勢的花，我感覺她是從我的心底開出來的。

阿黃說：「爲什麼不拿去參加蘭展，供諸同好呢？你不應該祇是收藏她、獨佔她！」

我替她取名「紅煜」，在外地好幾個蘭展中也獲得紅花組的冠軍。人們不再像當初那樣子，用冷漠的態度看她，更不再因爲她是山採品而瞧不起她。

現在，她有了正式的名字，得過冠軍。人們爭相稱頌，衆口皆碑，驚爲天仙。

她不再寂寞，不再給人棄而不顧。

很多蘭商苦苦求讓，願出高價。

那年，我們因爲有要事赴英一段長時期，祇好把「紅煜」忍痛割讓。我知道她無法在英國毫無陽光的嚴冬天氣下生存的。

這是我最錯誤的決定。我應該把她交託給最初教我種蘭的老余，不應該行色匆匆中輕率地把她讓予變成集團化和企業化的蘭商。這件事，到現在我仍然覺得悔恨、內疚、耿耿於懷。

兩年後，在蘭展中再看見幾株「紅煜」的時候，不禁黯然神傷。我知道，她已長出很多新莖，已分割成爲好幾盆。本來，中國蘭到了莖數太多時，要分株才生長更健壯。可是，使我神傷的原因，是眼見她再不是以前的「紅煜」，花兒雖多，雖紅，但是失去了內在迸發出來的光澤，消逝了那份靈氣。同一的花形與姿勢，却帶來異樣的感受。相信祇有我才可以感覺出來。

人們還是以艷羨的目光，發出激賞讚嘆。我看出她的芽頭弱了，葉姿已顯露疲態。一定是蘭商利之所在，用藥物催芽、不斷加肥，沒有讓她自然地生長。這樣栽種下去，花色必然會逐漸黯淡，葉姿也慢慢變形。

是我最初使她離去，成爲現代商業的犧牲品。但是，本來的「紅煜」，始終生長在我的心間，沒有改變！是的，沒有！

等待

我喜歡自己栽出花來，也喜歡自己拍攝開花的程序。

有一種很罕有的高綫藝落葉種迷你「春石斛」，嬌小玲瓏，花農花商稱爲「長生蘭」，香港甚少人知之，亦很少見開花。我栽植的那一組十莒，今春才艱苦地含蕾滿枝，但祇有一朶趕及提早盛開，好讓我拍攝下來。我初時看見這顆花蕾特別壯大時，心中暗喜，早晚心焦如焚，等待它盛放。

我期待良久，可能因爲天氣的關係，它老是遲疑猶豫。我分分秒秒拿着攝影機，像個傻子呆等，有甚於張生「待月西廂下」、「疑是玉人來」。以前此株開的小白花，好比美人輕敷脂粉，銷魂蝕骨，開時更清香撲鼻，與葉藝共治，相映成趣，可說色、香、藝三絕。

昨晚，天氣突轉溫暖及潮濕，我看見這個大花蕾主瓣微張，知道一定快要開了；可是拿着「小小說」翻閱，在旁邊等等等，等得委實太悃倦，支持不住，竟沉沉睡去。

翌晨眼兒剛張開，第一件事立卽跳起來，揪起相機。不錯，這朶迷你「春石斛」終於盛放，可是花形完全不對勁。我細看，幾乎驚叫了出來，因爲花舌和一邊副瓣與一邊捧心，竟給一頭狀如蝗蟲的小蚱蜢吃至殘缺無存，潰不成形。還伏在花莖上的小蚱蜢，從小籠子裏不知怎地逃脫出來，擇香而噬，並非飢不擇食。

誰叫我要養鳥？誰叫我時常買活生生的蚱蜢兒回來餵牠們？本來毫不相關的另一種「囚困」，却成爲現今的「傷害」。我知道小蚱蜢遲早也難逃一死，於是憤怒地信手把牠遞給鳥兒呑吃。

牠們雙方其實都屬於饑餓的奴隸，而我又是什麼？扮演着什麼樣角色？我祇知道達到自己的目的；也祇能期待餘外的花蕾快點兒開啓了。

不殺

花圃種植了好幾株洋綉球花，小花簇生成球，六月開花最盛。如果改換植土的酸碱度，或加些硫酸亞鐵，還可以每年開出不同顏色的花；紅變藍，藍變紅，像玩魔術。

有時眞的惹來雙雙小蝶，駐足偌大的花球上，使我不禁想起張劭兩句詠綉球花的詩作：「多情粉蝶千枝繞，無數梅花一蒂攢。」

女兒上週發覺有一無殼蝸牛，在其中一盆紫綉球的葉片上蠕動。其實牠不是無殼，而是脫殼而出，突然棄掉了昨天還背着的重硬殼，不怕沒有任何保護。

我們養花的人向來討厭蝸牛，並非因爲牠們小小的肉體和圓殼不討人歡喜，或不趣緻，而是牠們的小嘴巴可怕，繁殖又快。我不知道爲什麼這蝸牛可以肆無忌憚，可以丟棄自己過去的殼，露出難看的赤裸身軀；牠不似是無殼的品類。我拍攝了好幾張照片，看牠並沒有吃葉子，甚至吃的動機也沒有；而女兒看至着迷。我便暫時放過牠，且看牠後來有什麼動靜。

翌晨，這蝸牛不知匿藏到那一道空隙之間，牠的殼仍然在原處，牠放棄了小小居所，可以生存下去麼？牠要脫身出來，究竟爲了找尋什麼？對於牠的蹤跡，我再不以爲意；那不外是另一個醜陋而神秘的小小生命。可能牠給時常飛來附近的鳥兒啄去了。牠，活像我過去的一丁點兒小疥癩，再不痛不癢，變成無關重要。我們生活中這麼多瑣屑微末的東西，誰可以一一理會，惦掛心中？

就是一夜之間的事。早上我澆水的時候，驚覺幾盆綉球花的葉片給咬去過半，不少花莖和葉片一起皺垂下來。我一一翻開葉背看清楚，原來佈滿了很多小蝸牛，不僅吃幼嫩葉子很快，而且全懂得收藏自己。

我着實失策，悔恨又有什麼用呢？祇有一陣子痛心，責怪自已婦人之仁，爲什麼不早些用硫酸尼古丁水浸盆？爲什麼當初不殺？生命中的災禍也不一定猝然而至，可能是我們另一方面過於仁慈！

銀拖鞋裏的小蜂

人人感到詫異，爲什麼我栽植出來的這一對硬葉兜蘭可以長成這麼大朵，可能去年我挑選時，要葉子特大和厚肥的兩株。煞是奇怪，兩株本來屬於同一組相連的，不過，我把他們分蘖開來。今年春天紛紛開出不同顏色的銀拖鞋蘭，一朵是銀色帶粉紅線條，另一朵却是深粉紅色帶深紫紅線條。前者花莖特長，後者花莖粗短，可是它們分別垂下來的趣怪大袋，像兩個迷你氫氣球。

它們給送來的微風吹至搖曳生姿，女兒說是兩個「浪漫的風袋」，袋中佈滿一些小沙點，內裏空空如也，可是，兜的入口處四邊，有捲向裏面的唇裙，活像個假活門。光照之下，整個袋兜通透明徹，比較童話故事中的小多菰蘊含更多幻想。

昨天早上澆花的時候，我忽然發覺有一昆蟲，飛來附近，有如醉翁在空氣間跌跌撞撞，不知怎的撞進了其中一個袋兜之內，可能以爲有豐美的花蜜。牠攀援內壁而上，苦無出路，初時四處亂爬，可能以爲跌進玻璃瓶子中，但是沿着內壁怎樣爬也爬不出去，給唇裙阻礙。

料不到這個美麗的兜，變了一個美麗的陷阱，恍如一間透明密室。牠的探索變成一種囹圄。

我眞想伸手進去，把牠救出來，奈何兜口太窄小，容納不了我的兩個指頭。我定睛細看，發覺原來是一種竹瘿蜂。向來我對研究小昆蟲很有興趣，知道這種竹瘿蜂又名竹廣肩小蜂，原本寄生竹上，以浙江、江蘇、福建、雲南等產蘭區最多。牠怎會飛來呢？牠從那兒來的呢？傳說牠的祖先是蘭竹仙子。

我凝視了一會兒，還以爲牠遲些會自己找到出口的，於是便忙於自己研究的工作，不再理會牠怎樣繼續在內裏掙扎和尋覓出路了。

到了今晨，我循例澆花的時候，看見這隻小蜂倒在透光的銀兜內，奄奄一息。牠終於飛不出這個美麗的袋兜，快將死在美麗的懷裏；但使我更驚異的，是另一朵深色的兜蘭內，居然躺了另外一隻竹瘿蜂的屍體！

母親·康乃馨

已是十年前的事了。舉凡母親節前後，這件實事好像每年的節氣一樣，提醒我到了什麼季節，現時又是什麼氣候。

她愛康乃馨這種代表母親節的花，也許使這件事加深了本身的「諷刺性」。她的母親是個棄婦，不大識字，但是終於把她捱大。正因爲有這樣的個人歷史背景，使她深深愛着母親，以母親那種堅毅面對人生的態度作爲榜樣。她本身不過高中畢業，並非所遇非人，而是命運多蹇，天公偏要作弄她。

丈夫向來是個勤懇小職員，沒有野心，一本正經地做人，希望兒女長大成材，捱來才有意義與目標。很多父母何嘗不是這樣子想呢？生活平凡至無可再平凡，她毫無怨懟，天天在家照顧三個孩子。其中的幼子天生缺憾，一條腿畸形、萎縮，走起路來諸多不便。每年，她照例買了一大束康乃馨到母親的墳前，要三個孩子恭恭敬敬向婆婆鞠躬。她的母親生前喜愛石竹科的花。

平凡中帶來了波浪，丈夫在一次車禍中喪生。她面對的不純是情感上問題，而是現實生活。丈夫沒有餘下多少錢，她祇好出來做事；那年，長子不過九歲。

丈夫在重傷臨終前遺言：「要好好養大子女，使他們更有學問和前途！」這句話，成爲她此後十多年來的人生宗旨，恍如一頭驢子，要背着重甸甸的三大包貨物邀上斜斜的山路。

我不知道她怎樣靠個人的力量，可以兼顧工作和家務，也不知道她用什麼方法，一邊做工和一邊照顧半殘廢的幼子；祇知道她十多年後，使大兒子和二女兒出外留學。然而悲劇卻在這裏，兩個孩子在外國畢業以後，沒有回來，後來結了婚，竟慢慢淡忘了這位母親。

十年前，她的幼子不幸病逝以後，她便顯得神志不清，瘋瘋癲癲。那天，我看着精神病院的車子把她送走時，不禁陣陣悽酸；她給綁着上車時，手中仍緊緊握着一束鮮艷的康乃馨。

落蕾的芙蓉

我不知道你有沒有看過這種詭異的花卉，花商俗稱爲「芙蓉」，其實不是趙執信所詠「江妃無語空含睇，妒煞天寒獨倚時」的眞正「木芙蓉」，可以孅霜傲雪；而是近乎蜀葵和木槿那類普通花卉，栽在小盆子裏，枝莖微彎，不足半公尺，僅有頂上張開如綠色小傘的三片濶濶葉子，每片葉子有嬰兒手掌那麼大，形狀使人想起童子軍的徽號。

我栽植這幾盆「芙蓉」時，原本也不覺得有什麼稀奇；過了好幾個月，頂上結出三幾顆小蕾，像用淺綠的苞衣裹着一個個小吊鐘，慢慢垂下，開出暖壺口那麼大直徑的單瓣花，共有四瓣，井然有序，瓣的筋脈明顯，恍似花神花仙的動脈血管滿佈，內裏，有鮮血的流動。中央密密麻麻的雄蕊，擎起近百個袖珍黃粉球，聚成一個小彈子那麼大小的球體；另有八、九根黑紅色的雌蕊，好比放煙花般從雄蕊間射出。在我看來，這些是花神花仙的觸角，要來探索、接受訊息，黃黃的花粉傳達了來生的希望。

四塊大大的花瓣並不全張開，而是朝內拱向蕊柱，好好地呵護着、要保有這品種下一代的存在。驟然看去，不似燈籠，却像三個紅紅的、或黃黃的、或橙橙的燈罩；所擺的角度，有如射燈，大概是彩色的生命射燈吧！上面的葉子，天衣無縫地把花兒庇蔭。

這樣的生態本來沒有什麼特別，可是，每盆莖頂上却繼續不斷長出花蕾，第二批竟有五、六顆之多，而頂上的空間有限，它們互相擠逼；尤其是愈來愈飽滿時，由擠逼變成排拒。大家在未開啓時，緊緊貼着，拼命頂撞，終於有限的空間變成殺手，生長在外層較大的花蕾反而給逼斷了、跌落在盆土表面，橫臥着，像無人注意但已殞落的星星。

我剝開它們的苞衣，可以看見尚未成熟的花瓣已有明顯的血脈和觸角，那些花粉胎死腹中，葉子的庇蔭也沒有用。

這幾顆落蕾，才使我眞正體悟出「無語空含睇」、「天寒獨倚時」的況味。生命到底不可能太繁密和沒有足夠的空間吧！

最後的一朵玫瑰

我們在妹妹後院共同栽植的那盆「小粉」玫瑰，相隔了四十多天後，在新的一月又再開出嬌艷醉人的花，一盆凡五十多朵，令我想起蘇東坡所詠的兩句詩：「花落花開無間斷，春來春去不相關。」這個品種的玫瑰花，多數在夜間清寒的時候綻放。最美的時刻，是花蕾剛剛破開、推出內在的紛繁，每一瓣構成整體的旋捲，但是仍然互相擁摟，層層緊扣。可惜，在最燦爛光華之際，轉瞬卽由盛至衰，衆瓣由向內包涵變成向外向後翻捲開去，盡露花蕊；不消一兩天，不再風華絕代或粉雕玉琢，也就掉失了鮮嫩，用殘香力圖作最後的掙扎，終於免不了剝落。它們從那裏長出來的枝端，亦會霎那間給人剪掉，留下一個難看的小小傷口。

五十多朵「小粉」，競相爭妍，姿勢大同小異。難怪宋朝詩人楊誠齋說：「風流各是胭脂格，雨露何私造化工；別有國香收不得，詩人薰入水沉中。」可是，美麗的東西會很快消失，雨露與花香何曾有永恒？世上種種人人事事，有開亦必有落。這種常變的輪廻，敎我們煩憂，其實又是非常自然的事情。玫瑰如果不是匆匆開匆匆落，或許它們的生命也無意義可言。我們何妨不把它們的「落」看作是「落」，而是一種像耶穌基督的復活。復活後又再隱失，這就是東坡居士「無間斷」的道理吧！盆栽的「小粉」可以一年之內開八次花，輪迴不息，就整體而言，它們何曾消失過？

今年的一月，五十多朵「小粉」紛紛凋落後，我竟發覺蹟下了一個大花蕾，遲遲不開，歷久仍含英待吐，外表的碩壯包裹了豐富的潛藏。當衆姐妹幻化於無形後，祇有它還堅持着。枝條愈長愈高，如鶴立鷄羣，一枝獨秀。它，慢慢的展露。緊緊地旋捲一起的花瓣，維持了好幾天才盛開，花期比較同株的花朵長數倍。這最後一朵玫瑰，是一切皆失落後的浪漫精華，碩果僅存。而我，却「不辭流血對摩羅」，它才最迷人！

曇花的表兄弟

有些人爲什麼一定要把令箭荷花、量天尺、和曇花混爲一談呢？大概它們相貌差不多，外形酷似，同屬仙人掌科，是表兄弟吧！

「那不過是顏色有點不同而已，爲何不可當作曇花？」他們倒有點詫異。

我覺得曇花就是曇花，量天尺就是量天尺，令箭荷花就是令箭荷花，誰也不可以代替誰，各具風姿，各有個性。現代人總愛用一些籠統的觀念來概括一切，泯滅特色，以單一的眼光看東西，含含糊糊，於是眞相混淆不清，什麼也馬馬虎虎算事。

現代人心目中，對於眞理的計算方式，可以A隨便等於B，B亦可以胡亂等於C，犯不着這麼傻，堅持什麼原則，仔細分別什麼對與錯、異與同。魚目混珠似乎也不打緊了。

曇花多數是雪白芳香的，葉形莖的老枝柱狀、新枝扁平，中肋明顯，比較令箭荷花寬濶。量天尺的葉形莖呈三角形，稜邊如波浪起伏而有窩孔，黃蕊呈束，花萼長條形，黃青色或淡紫色。令箭荷花披針如箭，大紅活像朶睡蓮。我再三比較眼前的三種仙人掌。它們有什麼可能完全一模一樣，你是我，我是你呢？況且，曇花在寒夜裏的游颸中撥開冥色，以一刻即永恒，顯示自己最光彩和美妙的生命，比較量天尺和令箭荷花的開放更短暫。

是不是由於曇花的短暫綻啓，能夠引人同情，才被另眼相看？它的生存價值，難道眞的祇在那一瞬？短暫的東西往往較爲「悲壯」。現時代再沒有眞正浪漫悲壯的東西時，人們便濫竽充數，妄想以它的表兄弟來代替。

另一方面，我又不想學某些人那樣，僅表揚曇花的難得可貴，不比尋常；事實上，令箭荷花色雖殷紅而非雪白，但亦能「青紫沐香芬」、「汚泥不染自超羣」；量天尺何嘗不恬淡自澹、清幽宜人。這是我的倔強，感到它們各別不可以互相代替或彼此混同。在太易隨波逐流的社會裏，連這一點倔強也堅持不來，豈非旣胡塗又沒有原則？

尋不著的紫薇

很久沒有到新界林錦路附近的嘉道理農場。假期無事可爲，一時雅興，偕同女兒和友人驅車到那兒，找相熟的經理鍾谿興聊天；其實，目的想看看那裏的紫薇花。紫薇又名百日紅或滿堂紅，花期很長。年青時愛搔其光滑的樹身，樹枝自動搖曳，所以又叫做怕癢樹。爺爺要來入藥，據說有止血消腫和解毒之功。生平甚喜歡白居易和李義山分別詠紫薇的詩句。前者說：「紫薇花對紫薇翁，名目雖同人不同；獨占芳菲當夏景，不將顏色托東風。潯陽宮舍雙高樹，興善僧庭一大叢；何似蘇州安歇處，木蘭堂下月明中。」李義山所詠四句並佳皆妙：「一樹濃姿獨看來，秋庭暮雨洗塵埃；天涯地角同榮謝，豈必移根上苑栽。」現今我們只愛談論紫微斗數，却忘了港九滿山很多紫薇花；大概城市人關心自己未來縹緲的命運，多於關心大自然裏一些生命的眞實形態了。

有時覺得，小島上的生活，天天像衝鋒陷陣，深怕饑貧這些敵人打到眼前來。瞎忙一陣子，日子停下來就像跛了似的；略略回頭，忽然變成舉步維艱。但是到了觀音山上，晨早霧氣把自己包圍，倒不想再屈指細算未來命運，頓覺自由快樂就在目前。雖是濃霧，究竟現眼和親自體驗的東西才是眞確的。大自然裏無假象；縱有海市蜃樓的假象，也屬於難得美景。

我們遍尋山間，紫薇樹鱗次櫛比，無風仍自動和怕癢；可是，竟沒有一株開花。照占候而論，香港九龍和新界的紫薇，理應在西曆六月中旬或七月初開始綻放，盛開至九月底。可能因爲石崗附近氣候和土壤影響，嘉道理農場的紫薇，竟較元朗等地的紫薇遲一個月才開花。今年我看過元朗等處的紫薇，早已花開滿樹，「淺碧籠裙襯紫巾」。這次雖看不到紫薇盛放的情景，但是，近峯頂的山坡，是一望無際的大繡球花，又淺藍，又粉紅，煞是奇景；加上淡紫色的百子蓮和白色的大百合，有如置身仙境。人生有時如此，每有意外驚喜。何況繡球花能變色，酸性土壤變藍，鹼性土壤變粉紅。生命總脫不掉一個「變」字罷！

新春一瞬的蛻變

對於我來說，春天和任何其它一個季節都是不可分的。靜止和始動可以同時發生。風抱滿懷，花香撲鼻，恍如禪語所言：「日日是好日」。你再像一棵檀香樹在我內心昇起時，天天是春天。雖然「江間波浪兼天湧」，屈指細數十一年後物換星移，可是，眞的「靜止如一座中國花瓶」。有時覺得自己的心臟也停止了，但就在最最中止不動的時候，好比蘇東坡胸懷天趣，「萬斛泉源，不擇地而出」，在平地滔滔汩汩，與山石曲折，則隨物賦形。有誰可以眞正了解，我那寂然的奔流？

人，愛把自己當作孤兒，遺留在無意識的空白中，或以爲接觸到至高的「實體」，卻不肯把捉一刻的內在蛻變。那境地，猶如內裏有座金閣寺，非親臨寺間，不能眞正感覺和領受它的美。等於栽花，花逞春光，與竹堅雅操、傲就琅玕，其實皆屬天然之趣，亦是自然現象，但祇要花是自己親手栽的、竹是自己種的，當能觀其生長變化，無分短暫或長久。璀燦也好、清澹也好，同樣可以是浪漫的不同層面。

對於目睹一切傷害和破壞，都使我痛苦，亦覺得無能爲力。譬如有一天，我看見一個注重家居裝飾與風雅的人，買了好幾朶切枝蓮花回來，因爲它們久久不開啓，恐怕到凋謝時還在含蕾，便不耐煩地把苞兒扯掉或揑碎。現代人的魯莽和急燥，變成了暴力；很多人却不知道朶朶蓮花切枝後，要靠人手輕輕撕開才見春天。他們的腦海裏，蓮花的蕾與春天無涉，是你有你的、我有我的，所以春天不開啓就消失了。但一開一合之於我，同樣是一種觀賞與承受。我們含英，知藏善放，就能把握那一瞬，而「突入那一瞬的蛻變裏」。這句話，使我忽然想起了里爾克的幾句詩：

「我們，狂暴者，或可久存。

但何時何世，

我們可以開放和承受？」

「而一切寂然，甚至在這種中止裏：

新的開始，新的氣象，新的變化。」

山之二

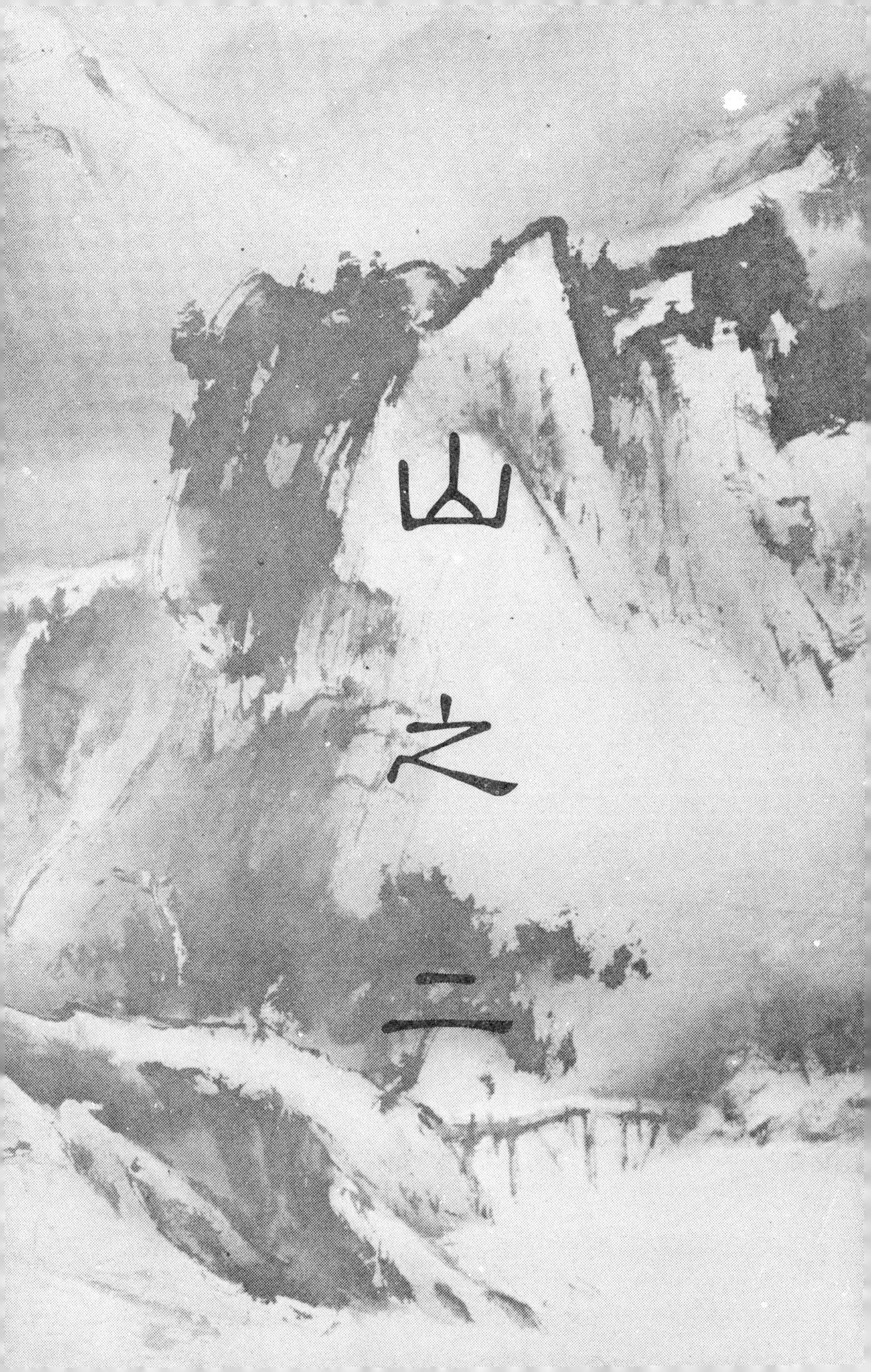

劏蜢

剪刀、小叉子、牙簽，一切齊備了。

攤開一塊大大的紙巾，聯想這上面就是「手術枱」，但等會兒不會看見鮮紅色，也不會嗅着什麼血腥。接着，把囚在狹窄蜢籠內的蚱蜢硬拉出來，一下子用力太大，竟然拉脫了牠一條長長的後腿子，但沒有血！

纏夾在蜢籠內已難轉一個身，你踐我的頭、我交叉你的頸項，僅僅可以勉強容納暫時的呼吸。牠們知道日子不遠了嗎？

狠心而無情，還那兒管得着五內翻騰？一手用力揑住牠的翅膀和餘下來的一條後腿，怕牠飛出五指關；其實，誰能眞正逃得了這個大限？生活在蜢籠內的蚱蜢們，必遭這一厄運，問題是遲早而已！

拿起剪刀，要毫無感覺似的，更不能動感情。假想自己就是死神，舉起嗜殺的手，才能適應這個繁榮進步和自肥的世界。不必冷笑，也不用掀動一根肌肉或一條神經線；祇須用熱練的手勢，而其實也不必要什麼勇氣（，那不過是一頭微不足道的小小蚱蜢），用剪刀朝翻轉了身子的蚱蜢胸甲上橫剪一下、兩下、三下，像替小小人兒開膛。指頭兒一挑一揭，哈，活像開小窗扉，打開了，內裏的勞什子全露出來，傷口旁邊黏着一層層白白黃黃的膏肪。

這隻蜢很肥，肉口不錯啊！剪刀向頸甲霎霎動了兩下，脫落了；於是，把頭硬拉向後，現出小頭顱內一團漿。蜢兒的小嘴還不停微動，兩根觸鬚也努力作最後掙扎和抗議。（但已無聲，跳蹦蹦時也沒有發聲的權利啦！）

不愧閃電手，克刷一聲，剪刀已轉向下，把蜢腹全剖開，一大堆橙黃色的卵子，肥油油的腸臟，欲滴的液汁，證明牠為自己的存在努力過，沒虧待自己；但料不到儲在腹中的過多營養，却變成鳥食。胸腹再往後兩邊一拗，內在的東西全挺凸而顯揚出來。牠的小腳還無力和無可抗拒地撐動，是一種最無奈的舞蹈。

最後的「儀式」：剪去餘下的後腿，把腿內的肉壓搾出來，黏在胸腔上；再剪去背後翅膀，但仍可感覺翅基極力在鼓動。小叉子叉着，牙簽穿過了胸甲，掛在鳥籠的竹柵上。於是，另一種「殘忍」的啄食開始！

捕蟹

那些竹與草老早築起小閘。他們還懵然不知，用毛鉗子把弄口中噴出來的一堆堆泡沫，自以爲逍遙自在，安逸無比。那些竹與草也是大自然的一部分啊，直畢畢和軟綿綿，有什麼可怕呢？他們在湖水裏浮游、在泥淖上爬行太久了，對於四周人爲的變化，就是不大了解。那些竹枝是給人削下來的，那些草是給人拔起來的，給可怕難測的人利用作爲一種圍捕的工具。可憐的蟹民，他們仍沒有覺察。

農曆九月了，「九月圓臍十月尖」，一年來的吸收、積聚，加上體內自然而奇妙的變化，蟹膏愈來愈豐腴。誰理會是什麼精子卵子，誰關心什麼生命的結合與延續。老饕之徒像死神般裂開血盆大口，在餐桌邊等待着吸吮咬嚼……

夜又像煩悶而疲倦的日子，蹣躚而至，千篇一律，總沒有新意。暗黑使他們提不起勁，有些輕輕擦着泥濘，有些索性懶洋洋，一動也不動。人們已在周圍布好了局，一切差不多安排就緒，到了適當時刻，在閘上置燈點火，堆疊起一盞一盞光明的假象，製造着漆黑中的繁榮。人們摸透了蟹民的心理，用一點點燈光來鎭住他們對黑夜的惶恐。是天性帶來的炫惑？抑或一個個光暈裏散發出安定民心的魅力？他們灰中透青的売，似乎不再構成生活的重壓。他們好像巒有信心，以爲一向以來牢牢地保護着自己的厚売可以長遠地發揮它的保護作用。狹小的眼珠子伸高，以爲看透了世界，但是掩蓋不了淺窄的眼光。不敢直行，永遠橫向的爬動，隱隱中代表了一種無可奈何、姑且如此、和類似傴僂式的匍匐，順從地平臥，忍氣呑聲；以爲舞動那對毛茸茸骯髒的鉗子便可以對外排擠而明哲保身，紅毛金爪分別在兩邊挖着空虛。

他們看見燈光，以爲是太陽明月，像燈蛾一般你爭我奪擠上去，擠呀擠，爬呀爬，竹與草築成的小閘上布滿了他們的魅影。他們喜愛光明，以爲向小閘上努力爬到桃源裏。突然間，他們身不由主，給人們狠狠地一隻一隻撥進另一邊的簍裏，請君入甕！那些綁紮的水草等待着，那些冰箱等待着，還有人們那些血盆大口。他們已聽不見自己失去自由的哀號。

割鹿茸

在海南島的鹿場和東北的三寶，飼養了很多大大小小的鹿，包括人見人愛的梅花鹿。我們雖屬俗世中人，但看見這些線條優美的鹿，不禁佇足欣賞，沒有人會想到要謀奪牠們雄鹿的茸角。

最近在沙田國際城，看見籠中一頭雄鹿，兩隻角早給人鋸掉，祇餘下一副殘缺樣子，教人一陣心酸。可是，你看過割鹿茸的殘忍情形後，會更驚心動魄。

以前採鹿角，分爲砍茸和鋸茸兩種方法。前者宜用於老病鹿或死鹿，要先將整個鹿頭砍下，再鋸下鹿茸連腦蓋骨，刮除殘肉及筋膜，以沸水燙後，掀起腦皮。不過，明知是老病殘弱，命不久矣；砍下作爲藥材，也不覺得那麼難過。另一種方法是將鹿用繩子拖離地面，使牠們無法用力掙扎；鋸下茸角之後，便用藥散敷在傷口上。鹿角須要潔淨，擠去一部分血液，才加線、加釘、加麻繩，全是些繫縛之物，然後固定在架上，又晾、又燙、又烤、又風乾，幾經歷煉；但是沒有人再理會那些有如受斧鉞之苦的斷角雄鹿。他們沒法舐自己的傷口，只狂奔到一角，瑟縮地呻吟，默默地忍苦；頂上之痛對於牠們來說漸變成一種生存的慣例。三歲時開始，每年都會給人鋸茸角一兩次。

由於「本草經疏」說：「鹿茸，稟純陽之質，含生發之氣。婦人沖任脈虛，則為漏下惡血、或瘀血在腹，或為石淋。……此藥走命門……補下元眞陽……」，所以，人們要割牠們在舊角脫落後所長出的茸角。「花鏡」也有載：「凡在二至時，角當解，其茸甚痛。若逢獵人，則伏而不動。遂以繩繫其茸，截之甚易。」

我見過有些「獵人」或飼養的「主人」，在鋸鹿角之前，故意讓雄鹿狂奔。當然任牠們怎樣奔跑，或躲或逃，仍逃不過與生俱來的蹇運；在人類的繩子與刀鋸下，也沒處可躲。據說快跑後，鮮血不斷冒上雙角，這時鋸下，更具「補下元」之功。雄鹿，正因為天生茸角，便脫不掉生命被殘害和砍傷的慘痛。冒上雙角的血愈多，其痛愈厲害。但牠們對於痛已難以言喻，還給人們美其名曰「為社會犧牲、為人類謀幸福」。

沒了角的雄鹿猶如沒了生殖器的男人，在殘缺與醜陋中啞忍，只能卑屈地存在！

白燕無知

懸掛在屋後露臺上的那頭白燕，突然興奮地唱起來。我可以認出牠不同叫聲蘊含了不同情緒。爲什麼牠這麼狂喜？

露臺正對着的石榴樹，夾雜了點點小橙紅花的柔軟枝條上，原來有另外一頭小白燕，鮮檸黃混和灰白色的漂亮羽毛，分外顯眼。大概是從附近的籠中逃出來吧！看牠無神的小眼睛，像不斷覬覦我家那頭白燕的雀粟杯子。我可以意識牠的喉頭很想探出一隻手來。

不光是我一個人發現這頭飢餓的小白燕，石榴樹另一旁那對男女早仰起頭，指東劃西。他們是窮巷那端的貨運公司職員，祇幹一些登記的工作；日常倒很清閒，有時打情罵俏，把盒式帶播放的流行音樂扭至很響亮，使人震耳欲聾，他們從來不覺得會騷擾別人。

那個女的，不知打那兒弄來像穀粒的「兩端尖」雀粟，抓了一把子，塞到男的掌心。根據我的猜測，一定是以前貨運公司那個老看更留下的。老看更養過一頭澳洲彩鳳，結果老死了；鳥籠空懸在發銹的角鐵上，早已發酵發霉。後來，聞說那名心腸頂好的老看更，不知是什麼病給送進醫院，以後再不見他的踪影。

接着聘來這對年青男女，他們時而狂播「我要」和「壞女孩」之類的流行曲，有時還記不起是辦公時間和有責任在身，忍不住扭動身體，聞歌起舞。他們跟以前那個被視爲「落後老套」但沉實可靠的老看更大相逕庭。

男的拿了雀粟。倒有點耐性，因爲他很想引誘那頭小白燕飛下來。小白燕初時遲疑，繼而敵不過飢餓，可能以往在籠中也習慣跳進主人的掌心啄食。牠忘了那個不是主人，以爲掌中有雀粟的人便值得信任。男的把牠揑個正着，竟接過女的那把早準備好的剪刀，把翅膀的羽毛剪掉了一半，接着和女的抛來抛去，嘻哈地玩。

這頭白燕的死亡命運註定的了。他們却不爲什麼而只爲了自己刹那開心便玩弄和殘害生命。老看更一定不會允許這麼做的。

白燕無知，落入這類人的掌握中。而人，是否仍能夠信任？

浴室暗角的蛾

不知從那個時候開始，這隻木蠹蛾已經伏在浴室的暗角，一動也不動。當初我沒有察覺，因爲牠和瓷磚的顏色及花紋大同小異，況且浴室的百葉簾的上半經常垂下來。日常誰有空閒或興緻，舉頭仰望暗黑的角落？

幾天以來，看見牠匿駐在同一位置，似乎姿勢也沒有多大改變。我有點兒奇怪，牠怎麼可以忍受每個黃昏我們扭開熱騰騰的水洗澡時升上去的蒸汽？難道牠老早壽終正寢？可是，爲什麼仍然能夠把身體貼緊牆壁而不掉落呢？

到了第五天，我發覺牠的觸角微微抖動。本來，我極端不喜歡這隻木蠹蛾，而且十分顧忌，因爲浴室另外一方就是蘭房。木蠹蛾喜歡咬食蘭葉，正如牠們的表兄弟喜歡吃茉莉、山茶和含笑的葉片一樣。可能牠聰明，懂得匿處暗角，毫無動靜。反而引起我的好奇，不將牠趕走，也不動殺機。我每天早上漱口、如厠、黃昏時沐浴，皆忍不住抬頭凝視，看看牠有沒有改變位置。有一次臥在浴缸，如仰觀天象，占算這顆星。爲什麼牠不必吃喝？牠伏在暗角幹什麼？

這兒的環境，白天悶熱，晚上陰濕，牠伺機而動麼？是否闖進這個「囚室」，無法再飛越？牠可能不是自願躲起來，也沒有什麼特殊企圖，祇不過逼於無奈，或者躲避前幾天驟來的滂沱大雨，大概牠不認得來路。我忽然想幫幫牠，但是又怕傷害牠脆薄的粉翅。

可能孤獨的牠，不希望我的干預。牠在等待死亡？我浸泡在溫水裏，想到假如我是他，會怎麼樣？牠忍受孤獨與暗黑，這頃刻的生存多麼不快！

木蠹蛾撲火的嗎？沒有光線的水汽也會滋潤牠？牠覺得自己卑微和委屈嗎？牠有沒有明天？想到這裏，浸泡着我的再不是溫水，而是一種無可奈何的生存孤寂感。我們其實同一命運，在不爲人注意的境況之下，赤裸裸地等死。

我臥在浴缸中一動也不動，木蠹蛾的陰影便壓下來了。

小蜥蜴

那天，拉開蘭舍中的貯物櫃，突然櫃端跌下一條活生生的東西，打在我的肩膊上，反彈到那些水苔中。定睛細看，原來是一條頗胖的小蜥蜴，我們通常稱爲鹽蛇。牠好像知道闖了禍，躲到盆邊一動也不動。

可能是下意識，也可能是一種莫名的恐懼驅使，我忘記思索，隨手拿起一疊厚帙帙的報紙，摺了摺，使勁地拍過去，由於投鼠忌器，怕砸破旁邊的蘭盆，所以失手。

小蜥蜴回身一竄，竄到門縫間。我仍不放過，把門一關，立即打過去。牠蠻機靈，急急爬到門外的發泡膠板之間。我用腳壓着板邊，以爲可以夾住牠。牠初時瞪眼看看我，心裏好像說：「我不過是頭小鹽蛇而已，何必要把我趕盡殺絕？」不旋踵，牠已拼命掙脫，逃到雜物架底下的暗角。

我也不明白自己爲什麼不就此罷休，也明知道牠不會傷害我栽種的植物。而且，也許是一種矛盾，自己一方面培育生命，另一方面却要消滅生命。我不能忍受牠的「醜陋」？害怕牠帶來什麼威脅？那時候，我不知道，祇像個自以爲主宰生命的神，要操生殺之權。我委實有點氣憤，拿起植物殺蟲劑，向着底下猛噴，恐防牠會刹那間衍化爲很多小魔怪似的。

牠終於喝醉了般爬向後面的露臺，我用厚報紙再拍下去，蹲身細看，竟是牠金蟬蛻殼斷下來的長尾巴，不停在地上搖擺，但是沒有血跡。這種掩眼法好厲害。我一再抬頭，已見牠從渠口帶傷竄走了。

自以爲主宰生命的神，三番四次也沒法奪走牠的牲命。而且我相信遲些日子，牠又會重新長出另一條更壯更長的尾巴。我想，牠不是命不該絕，其實生命也不一定是「命中註定」而束手待斃的。生存是一種掙扎，不惜逃脫、抗拒、以壯士斷臂的精神，從痛苦的傷口中再生。

這頭小鹽蛇教曉我很多東西，無論「命運之神」怎樣窮追猛打，牠經歷多少困厄、危難、滄桑，同樣能夠生存下去。

屎坑蟲

以前在新界居住，經常看見農村馬桶或毛坑內的「屎坑蟲」。牠們名符其實，祇活在茅厠中，不停地蠕動；初時看不慣，混身發毛，後來凝神細觀，可以駐足良久，竟看來津津有味，因爲眼中所見，不純是佔着毛坑的屎坑蟲，而是似曾相識的一些「形象」。牠們活動的圈子這麼狹小而臭氣薰天，却以爲「交遊廣濶」。牠們互相擠逼；刹那間，你爬在我頭上，但刹那間，他又給我踩在脚下。

這個小天地，就是牠們日常以至一生的整個世界，牠們沾沾自喜，洋洋得意，從來沒有覺得處境悲哀，早晚樂於逐臭！

大概臭的東西是牠們的營養，把牠們養至白白胖胖，腦滿腸肥，可以飽食終日，無所用心。牠們爬在糞溺之上，耀武揚威，大有不可一世之感。以毛坑的哲學來說，白胖便是出人頭地，以別人的廢料滋養自己；同時，又以爲自己有分化糞溺的功能，對毛坑社會貢獻良多。

終日在無聊中蠕動，牠們從不感覺不耐煩。牠們的生存「職責」，乃肥胖自己。在牠們眼中，沒有醜陋和肉麻，牠們失去嗅覺，舉凡能滋育牠們使牠們保持肥美的東西，都可以是美麗的。毛坑裏不須要什麼價值標準，誰較肥胖便誰可以爬在表面，生存耐久一些。甚至，有等屎坑蟲，享盡榮華臭氣，無所事事，聽見鄉俚小童射尿聲，認為「殊殊殊」、「浕浕浕」的音響，也是對牠們無比的頌讚，叫牠們喜上眉梢。

有時，鄉間大嬸或老公公夜間盲摸摸，到來如厠，屎坑蟲們如仰觀天神，膜拜偶像，視作大人先生們的賜予；尤有晉者，可能以皺了皮的屁股作為照射四方的太陽，或以丢下的厠紙作為對牠們的表揚。不知是否這些東西證明牠們有存在的需要！牠們當然不認為自己是廢物，而是時刻閃閃發出光彩。

到頭來，農人把糞水調稀了，往菜田瓜田澆灌。這些屎坑蟲頃刻間給眞正的太陽晒乾了。

比目魚

那次背着氧氣筒、戴了潛望鏡，潛到海底去，看不見珊瑚，但定神細看，發覺海沙上平臥了一些草履似的東西，零零落落，各別裝出一副大同小異的怪模怪樣。

這些是比目魚。通常擺在魚攤子上或飯桌的碟子上時，我們才看箇眞切；不過多數木無表情、不能動彈，身體像給人長期踐踏而變成如此卑屈。好奇怪的一副臉相、很有趣的一種生態！

一種平凡的海底生物，却擁有偌多的名字。西方館子稱爲龍脷，廣東人叫「左口」和「撻沙」，分幼鱗和粗鱗。「爾雅」「釋地」却載：「東方有比目魚焉，不比不行，其名爲之鰜。」李時珍記述更詳細：「北戶錄謂之鰈，吳都賦爲之鯵，上林賦謂之魼，俗名鞋底魚，臨海志名婢蓰魚，風土記名奴屩魚，南越志名版魚，南方異物志名箬葉魚，皆因形也。」

其形也就是大家熟悉的怪相，正因爲太熟識，所以不再引以爲怪。我佩服牠們各自孤寂地匍匐在沒有陽光透到的水底，居然能夠忍受長期的陰暗。中國古代民間傳說「鳳鳥雙棲魚比目」，其實是不確的。我這次親眼所見，雄魚和雌魚絕非並排而游，那只是詩人一廂情願的渲染。牠們毫無尊嚴與光彩地平臥，好像各不相關，隱伏着永遠的下沉，不知陽光下的世事。牠們雙眼都乾脆長在同一邊，我懷疑是否瞎了的。如此光線微弱的地方，加上魚鱗的棕灰色，除了避開敵人的視線、怕人侵害、和保護自己之外，還要眼睛來看甚？牠們不必看清楚，那些要獵取的小生物也會對牠們的存在不以爲意。也許在這種僞裝下較易誘捕和獵食。又或者，像黃永玉所畫的比目魚，「爲了片面地看別人的問題」，才把雙眼長在一邊。

雙眼本來不是長在同一邊的啊！我看見有些二十天大的魚苗，大約一厘米長，由於身體各部分發育開始不平衡，便沉到水底側臥，再不能繼續正常地游泳。牠們孵化出來時，雙眼像其它魚兒般端端正正生長在不同的兩面。而生命不可抗拒的扭曲與畸形發展，却使牠們沉下而卑屈，一眼向上移，變成永遠片面看別人問題的可憐比目魚了。

牠們祇等待漁夫那張巨網撒下。

鷄泡魚標本

張秉權和我談起，八〇年時爲了要改編陳映眞的「將軍族」，特地赴臺灣花蓮和南方澳實地考察，發覺那兒的河豚標本十分趣怪，買了下來。後來致羣劇社仝寅演出陳映眞原著的此劇，身爲導演的張秉權，把這個標本作爲舞臺上的道具之一，詮釋了劇中人物小瘦丫頭的生命。可謂妙手偶得、匠心獨運。有時舞臺劇一件小小的道具，可能具有導演的意圖與心思，很容易給觀衆忽略。

其實，現實生命裏，很多諸如此類的小擺設，同樣很容易給人忽略。這種河豚標本，亦卽我們廣東人所指的鷄泡魚標本；以前我也買了一個，初看時着實有一種奇怪而強烈的感覺，引發我們深思，猶似觸電，鼓漲的醜陋身軀，可以變成一個又厚又圓的硬燈籠。

我們說「有吃河豚的勇氣」，因爲河豚有毒，可以致人於死地。河豚爲了保護自己，漲大身體，翻肚浮在水面，佯作死去；而且好比氣球，大魚那能呑下？魚背的皮上看似長滿短戟，誰也懼怕三分。但是，任誰也難怪河豚這樣的僞裝和扮相，牠不外爲了生存下去。這個殘忍的世界，給人吞下時，再沒有其他人憐憫。要存在，必先懂得防衛；蕩漾而冰涼的四周，時刻充滿危機，隨時可能遭暗算。

我們的一生，何嘗不是要刻刻提防，互相防範未然，各別擺出一個翻肚和吹漲自己的醜陋姿勢？我們的觀念和意態，何嘗不是內含了一些毒素？這叫做生存的鬥爭？

更滑稽的，是河豚被人釣起來，被人捕獲，本來一了百了；但是人們偏要以牠生前用來唬人和保護自己的本領，作爲欣賞的對象，把牠吹漲，以豎起來刺人的背部短戟，充作一種視覺上的美感。

其實河豚死後，仍遭人玩弄，和牠上釣時受盡折磨與苦楚一樣，同屬世間無可避免的悲情；本身是一種諷刺，也是一種最滑稽的荒謬。

不再戾天的飛禽

那年初秋，跑到美國洛磯山去的時候，風蕭瑟，刮響了寂靜，劫走我們的笑容。

我此行目的，是要研究美國一些野生蘭，洛杉磯那些賭徒和商賈不禁哈哈大笑，操西部口音說：「那裏祇有岩石、水狸、禿鷹，那有蘭花？好一個唐山傻子！」我不是來自唐山，而是來自香港。我不想多作解釋。我知道，現今的西方賭徒和商賈很難明白我的「荒誕」行爲，一定覺得我徒勞無功，甚至多此一舉。

他們大致上沒有說錯，那個地區沒有什麼特殊的野生蘭，也看不見水狸；祇有荒涼的巨大，虛有其表的宏偉。可是，我第一次親眼看見美國禿鷹，牠們不是在高空廻旋、傲視寰宇，而是像頭灌滿了酒精的菓子狸，在籠子裏醉醺醺。事實上，兩頭禿鷹並沒有喝酒，祇給人注射了一些痲醉藥後，漸漸甦醒過來，還沒意識到自己囚在人類的鐵籠中。牠們其中一隻脚，圈了個金屬紀錄牌，好比莫名其妙給人捉住的政治犯，無力叫喊。

我問，爲什麼要捉住牠們？怕牠們吃掉附近的家禽？抑或要來研究？爲首的美國科學家搖搖頭，說是爲了拯救牠們。牠們是禿鷹，是空中霸王，雖然愈來愈少，恐怕瀕於絕種；但是怎樣才可拯救牠們呢？我有點奇怪。科學家說幫助牠們移徙，渡過隆冬與飢饉，或者把牠們送到動物園和保存區之類。天啊，那等於提早宣判牠們絕滅。囚着的空中霸王就再不是霸王了。

翌日，我們從山谷那邊回來，再經過科學家的營地，發覺他們垂頭喪氣，原來不知何故，那兩頭捕獲的禿鷹在一夜之間先後死了。牠們的屍體仍在籠內。

我騰地想起楊牧幾句詩：「……對所有戾天的飛禽，我垂顧於二等星光的階庭。閃爍的衝刺者，我看到你羽毛上的鮮血……」我不禁低廻、細想：爲什麼有些人總以爲自己擁有一種特異「權力」，可以左右萬物，自以爲是，試圖改變生命的規律和空間。也許，他們以爲這樣做是善意，殊不知胡亂的干預，亦是一種殺戮！

友善？暴力？

對我個人而言，這是一幕怵目驚心的景象。

我家最近添養了一頭太平鳥，向來我們把牠當作「和平」「友善」的象徵；不過，有時覺得，目下世界，又僅有囚着的和平和籠中的友善。

不知何故，最近太平鳥行爲有點古怪，可能不是「反常」，而是鳥性中的「正常」行爲。牠時常用尖硬的鳥喙，拉起籠底下墊着的報紙，啄成片片碎，凌亂如小型垃圾缸，混和零碎而又粘性重的鳥糞，好像要蓬鬆起來，權充「鳥巢」。有時，啣起紙碎，昂頭擺尾，好不威風；有時放進鳥林中，弄至一鐔混濁。

我無法忍受牠突然變成的骯髒，替牠更換下面那些給牠自己搗箇稀爛的墊紙；順便也替隔鄰的黃彩鳳和綠彩鳳換墊紙換水。

自從太平鳥買回來以後，和這一雙彩鳳居住的籠子，早晚也掛在一塊兒，相隔半公尺左右。當初，阿黃有點怕牠身型巨大，阿綠聽見牠的口哨聲和模仿嗽口聲覺得好奇；可是，幾個月來，日夕相對，相處久了，變成鄰居，彼此異常友善，偶然一唱一和，對答如流。兩頭小彩鳳，再不畏懼巨型太平鳥，視之爲良朋，毫無戒心，更毫不顧忌。各別看着對方在有限的空間生活，總排解了一點兒孤寂。那頭家養的鳥兒不是在這種齷齪的環境中長大呢？

是我的不小心，把兩個籠子放置太近。阿黃和阿綠兩頭彩鳳，習以爲常，抓住籠邊，以便貼近太平鳥那方，看牠杯中的紙屑和蚱蜢頭。怎知太平鳥突然使勁，啄阿黃的一撮尾羽毛。阿黃和阿綠驚叫飛撲。我想阻止和挪開鳥籠時，太遲了。太平鳥口中銜着幾條美麗的黃羽毛，阿黃頓時變成禿尾巴，不斷回首過去，看自己的傷口。

牠太信任這頭巨鳥，素來把牠看作溫和友善的良儕，以爲推心置腹，對方會親牠，猛不提防善良的生命，也有驟施暴力的時候，露出一險惡相。

也許太平鳥並無惡意，祇想跟牠玩玩，却不自知如此猛力，會傷害了對方！

醜陋的彩鳳

這頭彩鳳給姬的第一個印象是「醜陋」。姬很明白，外表的醜陋並非就等於生命的醜陋。至少，這頭「醜陋」的彩鳳可以得到最低限度的自由。姬感到詫異，因爲牠不像大多數家養的彩鳳那樣終日囚在鳥籠裏。牠歪斜着眼珠兒站在籠頂外面，並非逍遙，而是藏着無人理會的孤清。

姬微彎下身子，向牠說話；因爲在我們的家裏，養了一些雀鳥和小動物，姬日常習慣跟牠們對談。出乎意料之外，這頭彩鳳毫不懼怕姬，亦了無戒心，反而姬怕鼻尖兒太貼近，會冷不提防給牠喫雀粟般咬齧。牠開始吱吱喳喳吵起來，一會兒如鶯聲嚦嚦，清脆嘹亮。一會兒像流水行雲，口占五言，喙譜樂章。

女主人更覺驚異，牠從來不會跟任何來訪的親朋戚友甚至主人對話，老是沉鬱積結，囿諸五內，難於梳理；以默然態度，面對那些其實不會關心牠存在的客人。

口哨和歌聲的對答，顯示牠有靈性有感應。任何生命個體皆非木頭。不但是緣，同時是一種接觸。姬的每一分關懷，立卽獲得最直接的「報酬」，就是流溢的欣悅之情。

彩鳳高興莫名，開始在房子內飛來飛去，用翅膀畫出五線譜。任誰也不會感覺牠老。事實上，養了八年多的彩鳳應該很老了。幼芻時給人剪過翅膀羽毛的牠，老早習慣耽在這個小天地中，也從沒有過飛走的念頭。

姬看着牠飛到厨房的舊式電飯煲上停駐。經過日子燻染的金屬玻璃煲蓋，仍閃閃發出光亮，恍似一面鏡子。彩鳳貼面而照，好像照見另一個「我」；但是並非刻意模仿水仙仙子臨池自照。刹那間，姬頓感到牠的孤獨，大概牠從舊飯煲蓋上，發現了自己生命的眞相；可是，牠還可以飛到那兒？那兒有供應不斷的免費雀粟呢？

牠曉得那個永遠打開門的籠子是屬於牠的。籠子門外懸着兩個舊鎖匙扣，讓牠進入籠子前把玩。牠樂於自動走進去，享受再度的孤寂。

惡鴿

有位朋友到西班牙的卡達隆那廣場遊覽，給兩隻鴿子襲擊，回港向我談及，認爲屬咄咄怪事。因爲鴿子向來性馴善溫愛，代表和平。他說所遇見之鴿子，殊不友善，像南太平洋巨鳩和埃及鵰鴞，雖未可言兇殘，但已展露一副不比尋常的惡臉相。不知道是否以前廣場乃內戰時軍事基地，而這些野生鴿子是軍用鴿的後代。如所週知，軍用鴿久經戰陣，受人類戰火薰陶。莫非那些人爲的錯誤，足以改變鴿子本性，使牠們和人類一般心態，以適應現在社會的變幻和鬥爭？

羅馬廣場和倫敦公園的鴿子絕不會這個樣子，牠們從不怕人，聯羣啄食，樂於遊人的餵飼，與人類關係很好。大概這位朋友拉慣了其他地方廣場的善良鴿子，甚至可以引牠們飛到肩上或掌心中，所以先入爲主，竊以爲天下間的鴿子都毫無戒心地信任人；料不到世間最美好最和善的東西，也可能無緣無故和不知在什麼時候變了質。任何可愛可親近的東西都可能隨時隨地在變。身邊熟悉的人、眼前看慣了的臉孔，倏忽間會變得面目模糊，甚至潰不成形。人的心和鴿子的本性同樣可以改換形貌，令人再難以辨認，難以相信，更難以接觸！

我其實也有過遇上變質惡鴿的經驗。那次回鄉，故屋前方有個偌大的曬穀場，時而有幾隻野鴿子飛來啄食。我愛傻兮兮地盤膝坐在地上，有如坐禪，沐着陽光，看牠們的頸子趣怪地伸縮。我知道牠們的鴿巢築在附近的小叢林，不禁好奇心大，有一次放輕脚步，朝牠們隱沒的地點摸索過去，乾葉子給踏至索索作響。原來牠們躲進一個破木箱內。這個破木箱長滿青苔和地衣，斜斜擱在一塊峭石與幾條粗樹幹之間，不知擱了多少歲月，和附近的屋宇風景一樣沒有多大的變遷。我探頭看內裏，怎知習習幾下拍翼聲，三、四隻鴿子向我圍攻，在我頭上和面龐前亂轉，使我急急倒退。雖然牠們的鳥喙不尖，可是不明白我毫無敵意，還以為我侵佔牠們的地盤。

那一回，我對和平的象徵竟產生了莫名的恐懼！

阿吱

我們一家老少，人人懷念阿吱，阿吱不過是一頭小相思，叫起來總是吱吱聲，妹妹替牠起了這個名字，乃擬其聲。

阿吱是老父拾回來的。那時阿吱還屬幼芻，可能受過震盪的身體微微地打顫，羽毛全部鬆起來。原來牠仍不懂自己吃東西。

老父和妹妹每天早午晚，很細心地用手把磨碎了的鳥食，送進牠的小嘴裏，有時輕輕塞向喉頭深處，助牠吞咽下去。所以，每次阿吱看見人的手，當作母親，張開小嘴，吱吱叫個不停。這是很自然的 Imprint 現象。當初牠會把又暖又軟的小身體挨過去，意圖獲取那手給予溫馨。後來嘗見人手，嗅得手的氣味，立刻喜形於色，往指縫間亂鑽。如果女兒把手彎拱起來，手背向天，造成一個小山洞那樣，阿吱會像小孩子穿過隧道，穿來鑽去。相信沒有一頭相思仔會像牠那樣愛玩的。女兒視牠如珠如寶。有一次老父不小心，讓阿吱跳了出來。牠像劉姥姥遊大觀園，在一些盆栽之間徜徉。老父視力不好，動作較慢；但是用一些蜢粉放在籠裏，很快把牠引誘回去，自動跳進籠內。

一年後，養慣了。誰開大門回來，阿吱例必大聲打招呼，叫個不停，誰一轉身不拉牠玩，牠就吵個不停。早上七時，像時辰鐘準時把妹妹鬧醒，叫她上班；她不起床，阿吱誓不停吵。最頭痛還是假期時，牠照吵如儀。妹妹用灰黑色布蓋着籠子，也無濟於事。

可是有一天，老父懶於讓阿吱轉到另一個籠子才替牠洗澡，給牠從下方鑽出來，飛走了，自此一去不回；害得我們一家人好幾天心裏不舒服，女兒還呆等，奢望阿吱自動飛回來，而希望終於落空。

我跑到相熟的雀店，買回另外一頭形狀幾乎完全一模一樣的小相思，以爲可以取代阿吱。可是這頭相思，很怕人，慌張閃縮，跳個不停，對人時常具有懷疑的目光，究竟欠缺較長時期的相處，況且生命是不可以代替的！

情之爲物

人的心理是副電腦，依照所灌入的不同程序而頃刻萬變。不高興時，按一按那個「取銷」的鍵鈕，可以把一切記憶系統中的東西抹去，不留痕跡，乾脆俐落，有人甚至美其名曰瀟洒。

我們追求一些東西，雖是一面之緣，或在半途中遇上，祇要喜歡，便千方百計，輕諾寡信，也務求得到。可是，很多時候，憑一時眼緣，一時興致，得回來的東西，和得回來的情感一樣，並非保持不變而永遠都是得回來時的原狀。彈指間，珍之重之和視如拱璧的東西，亦因本身的蛻變，遭人冷落，甚至厭惡，恨不得立即揚棄。

人的一愛一憎，有如同一個銀幣的兩面，不旋踵，已是另一副面貌，另一些字眼，另一種態度。

最近寫了一篇散文，不外婆婆媽媽，縷述孩子在高樓大廈內養小鷄的經過，初時小鷄毛色淺黃美麗，柔順可愛，孩子無不給牠們的趣緻純眞吸引，一定要據爲己有，而且如珠如寶，視若己出，照顧週全。可惜，小鷄的毛色和趣緻無法恒久不變，生命的眞面目瞬息不同。純眞的背面就是成長。那些愈長愈難看的鷄毛，教孩子吃驚。初時體貼入微，現時却感厭煩；撒點米餵餵小鷄也不願意。何況其中一頭不知什麼時候變跛了，一拐一拐，啄食時也要痛苦地斜伏蜷屈身體。生命變形的恐怖，並非我們想像中那麼綺麗。誰不像小鷄漸次長大時般變形，變至自己也不認得自己的面目呢？有些感情亦變成跛的，生長向一個漫無意義的目標。這是人生嘛！

小鷄初買囘來時，大人狠心地說養大了可以劏來吃，孩子嘩一聲窮哭起來，把說笑的話當作眞的。不過細想之下，也不是全屬說笑。感情一事，與高樓大厦家養小鷄何異？變至與純情小鷄大異其趣而面目全非時，還不是到頭來拿去劏？

現今孩子已不忍卒睹，大嚷：「醜極，不能忍受下去，快送給人，快劏掉吧！」這是「瀟洒」？是很快的厭棄才眞！

我們，在感情國裏，其實也是這類孩子！

強光下的樣相

這頭相思雀很趣怪，原意是買囘來代替以前那頭飛走了的阿吱。

那些養馴了的老相思歌喉好，火氣猛，不怕人，日常吃下不少生劏的蚱蜢，可是價錢使人咋舌，動輒要每頭二千多三千元。那個賣雀的老頭兒還開天索價，擺出一副要賣不賣的樣子，但又硬要你好歹還個價錢。

我一氣之下，拉着女兒的手跑開，看了好幾個攤子，仍大同小異；有些每頭十元的跛腳雀或折翼雀，令人看了心酸，怎忍再多看一眼牠們受生命的折騰。

還是不買算罷，離開這些攤子不遠的街角，有個外表老實的青年伙子，在地面上擺了個破舊小竹籠，內裏有頭小相思，生來頂標緻，流線型身段，雖然脫了兩根尾羽毛，但是毛色油潤。年青伙子看我有點意思：「先生，這頭相思潛質佳，很年青，好歌喉，六十塊錢！」

很奇怪，黃昏時分，圍攏了大堆人，站在籠邊，大家的目光居高臨下，牠倒不怕，還好奇地站在橫條上，神氣十足，昂首囘望我們。也許光線不大好，看不清楚人們的臉孔吧！可是，買回來之後，翌日清晨，陽光透窗而進，洒在牠青灰中帶黃的羽毛上。我走近籠邊，牠却不斷地飛撲，猶如驚弓之鳥。昨天黃昏把牠帶回來時，在車廂內好端端的，精靈的小眼睛凝視着面龐貼近籠邊的女兒，一點也不恐慌，又乖又靜，好像對人有信心，毫無猜疑。

我們養了個多月，牠仍是那麼駭怕我日間那漸漸逼近的投影。是否因爲牠看清楚了人的醜臉？還是由於牠天生一種本能，以爲撲面而來的巨大陰影就是危險訊號，就是鷹翅鷹爪？在強光的地方，牠感覺銳利；到了日薄崦嵫，牠的感覺又鈍下來。還有，無論什麼時候，放牠在地上，牠都不怕對着人的鞋子脚子和褲管，而怕人正對的五官與表情。女兒的手伸進籠裏，牠也若無其事，熟知會帶來食水和飼料，會替牠清潔籠子。

這頭相思，畏懼的祇是人暴露在強光下的樣相。

後窗・窮巷・鳥籠

很清楚記得，煜煜去世那年冬天，我回到母親那兒居住，從屋子後窗朝下望，是一道頗濶的窮巷。巷口有個外省人，專門自製鳥籠，在攤子發售，攤子是否違法則不得而知，但是經常塞滿了大大小小的鳥籠，大多數用竹枝造成。聞說這個外省人幾年前從大陸來港。他不大理會是否阻碍別人走過，橫豎是窮巷，祇有幾戶店舖的後門，而且永遠深鎖。

窗口又可以窺見隔鄰大厦二樓和三樓的幾座人家。他們好像有一個共同特點，就是每戶幾乎也有小孩子，每位家長嚴厲管教，愛子女心切。特別是三樓左邊廂，那位父親經常因子女的功課不合乎他的「理想」，變成很兇。母親又不准這，不准那，規限多多，「禁止」的聲音響徹不停，有時傳上來，可把我聽至心煩意亂，恨不得掩住耳朵。但是作爲子女的，不得不聽，也無「權」生厭。

二樓右邊廂的兩個孩子年紀較大，終日祇知聽從父母發號施令，像兩個可憐的玩具小兵，家裏的蠟板地佈滿密密麻麻的格子；玩具小兵僅可服從，沒有小小心靈的自由意志，更不能逾矩。他們沒功課做、沒電視看、或者父母皆外出而把他們關在屋內時，不禁伏在窗檯上，俯視下邊那名外省人，看他製造精巧鳥籠的手藝，默不噤聲。

外省人的手法着實異常熟練。他用舊木板釘成一張簡陋狹窄的工作桌子，在竹枝上面鑽小孔，快而準確；更使人詫異的，是他弄彎竹枝的技術和動作，簡直如玩魔術一樣。

大概他的鳥籠特別堅固耐用，難以弄鬆或折斷，所以生意滔滔。我不明白，爲什麼香港買鳥籠的人會這麼多，不純是因爲自己怕孤寂吧！

過了兩個星期，我再到母親的舊屋子時，竟然發覺二樓右邊廂有兩個工人在燒焊，目的是加建窗花和窗框。三樓左邊廂，無獨有偶，却添了一對竹鳥籠，但奇怪的是裏面沒有鳥兒。看來他們都是喜歡鳥籠的人！

患絶症的愛犬

她養了這頭小狗十多年，現今不應該再稱爲小狗，而是老狗了。

最初在街角撿回來。那個黃昏，颶風將至，翳熱的天氣榨出橫斜不斷的雨條，地面積滿一灘灘水。大家紛紛走避，濺起污水泥漿，各人爲了自己的安全盤算；雖然不是大難臨頭，可是誰願意渾身濕透這麼難受？何況更有患肺炎的危險？當然更沒有人注意街角垃圾桶旁邊這頭鬈毛足以揉出水來的可憐小狗。

她發覺牠的時候，牠不斷打顫；無力的眼神懶得看她；不應該說懶，恐怕因爲又倦又餓、又濕又冷，幾乎奄奄一息。人們的脚步急竄，來去太快；看見了牠的人也等於看不見，或者完全沒有感覺，又或者自顧不暇。牠營營的微弱哀鳴，不會有人聽見。

她的雨傘因爲她在當風處駐足而吹翻，露出內裏一排傘骨。她趕緊把傘子拗回原來位置，索性合起來，讓風雨落在身上。風的流動和水的滴下，到底避無可避。她不假思索，一把子用手臂抱起小狗，擁在懷裏，奔回家中。她不知道爲什麼這樣做，祇知道自己不是電腦機械人，而此心未死。

就是這樣子和牠共同生活了十多年；她沒有結婚，雖然有過兩位男朋友，但是戀愛失敗。其中一位太注重自己的事業，拼命賺錢；另一位終於也露出他的虛僞，並不是一個可以終身相處而有誠意的人。愛犬便成了她日夕溝通的對象。她把牠當作小弟弟，當作親人。那頭狗也習慣了她的表情達意，好像明白她的一言一語。

那不過是一頭很普通的狗，在常人眼裏看來，並沒有什麼特別，隨時隨地可以找到別一頭代替。

當然，她有不同的感受，最初救牠回來，還以爲養不活了。每天，在百忙中小心翼翼，餵牠暖牠。她慢慢才了解，不光是自己憐憫那頭小狗，而是自己生命中也亟需憐憫。她無法從另一個途徑刻意尋求；事實上，除了憐憫之外，還需要那一丁點愛與關心。

突然有一天，她發覺愛犬病了，又吐又瀉，不大願意吃東西，而且身體內部愈來愈疼痛，不斷發出呻吟聲，終日橫臥不願動，眼角堆滿分泌物，白涎潺潺滑出。

她擔心、驚慌，抱了牠往看獸醫。然而獸醫搖搖頭，說「救無路矣」。這頭狗已老退，患的是一種絕症。她十多年來，從來沒有想過什麼是「絕症」，衹發現自己可以忍受孤獨，不必倚恃其他任何人，她不知道何來這種力量。現今，她莫名的恐懼油然而生，要面對另一半世界。

她眼看愛犬吃了藥和注射後，痛苦不減，翻來覆去，初時還好像有些囈語，後來壓根兒囈不出聲音來。她知道無言的痛楚最難忍受。牠，不過等候死亡的來臨，絕對沒有希望。可是，她不忍心把牠人道毀滅。

她心靈起伏矛盾，設若這是一個親人又怎樣？她無論如何下不了手，也不知道親手結束了牠的小生命算不算犯法。雖說這小生命當初是她親手救回來的，現在又不忍牠受折磨，但她很矛盾，覺得自己沒有這個權力，而「人道」的標準又是什麼？她像一般人那樣子，在絕望中等待奇蹟，却明知奇蹟不會來。

幫助牠脫離苦海？還是等牠自滅？等待，祇有使她更感煎熬。她期望牠快些斷氣；生命不可能永在，解脫就是分離。這一刻的矛盾使她更人性。祇有一個懷疑：就是牠願不願意提早一點兒結束生命？抑或甘願共同受多些痛苦？抑或老早再沒有感覺？

她抱着牠，跑到遠遠山後那棵大樹旁邊。日常她時常携着愛犬同來此地，因爲附近是她母親的墓塚。她會在樹下，竟日看書。

現時，她不知所措，自己委實太倦，抱牠在懷裏，顧不了是否有病菌。牠的眼睛斜睨，分泌物遮蓋着大部分的眶子，不知道表示感激還是依依。她再支持不住，在樹下沉沉睡去。

好一陣爽神的雨，把她從濕濡濡中弄醒，她不知道睡了多少時間，而懷裏的牠老早停止了呼吸，四周已全是泥漿水窪。

非洲蒼蠅

水禾田到埃塞俄比亞蘇丹獵影的時候，經過一個小小的市鎮傑德庫，發覺那兒十分骯髒和污濁，甚至空氣間也瀰漫了發臭的人氣，最教人難以抵受的是非洲大蒼蠅；這種散佈骯髒和病菌的可怕昆蟲，比較非洲一些地方的政治還令人怵目驚心。牠們簡直不怕人，揮之不去，帶來極度的煩厭，對人的安全構成一種威脅，使人心緒無法安寧。

非洲蒼蠅不知道自己的醜陋，隨一股股熱風和熱騰騰上升的空氣撲向人每一平方厘米的皮膚，不明白人的悃倦與恐懼。發出的噪音，是一種悚人心弦的警號聲；唱出乾旱下的滅亡。牠們的蛆蟲等待一個個枯癟了的餓莩倒下，一丁點兒不介意他們殘軀的瘦削，照樣子不停地蛀食。

水禾田撞車受傷的一剎那，剛剛甦醒過來，立即發覺非洲蒼蠅是嗜血的。牠們對於血腥特別敏感，盈千上萬的圍攏過來。非洲這裏，有人的地方就有蒼蠅，有血的地方就更多蒼蠅。當然，有蒼蠅的地方就有細菌、疾病、死亡。

牠們，是否是疾病和死亡的使者呢？

沒有人眞正能夠看清楚非洲蒼蠅飛舞時的面貌，攝影機也拍不出牠們故作自鳴得意的樣相。唯一眞實的感覺是牠們虐待人皮膚時候，也不斷考驗人的耐性，特別欺負異鄉人，好像在哼：「你奈我什麼何？」牠們着實深富羣性意識，懂得那些要繼續自己旅程的人沒空閒向牠們吭一聲，益使這些小魔鬼更手舞足蹈，肆無忌憚。

非洲的滿天蒼蠅不知從何而來，當有人血流披面，定必聽見牠們的嘶叫。牠們在人間畢竟也爲了生存，不惜展示牠們的醜臉和舐血所爲。非洲蒼蠅之輩無不振振有辭。而落後，無知，與汚穢，却助長牠們的孳生。

那裏的人，每一對眼睛佈滿問號，每一張嘴巴欲言無語，但是已懶得揮手趕走一隻隻貌似微小而其實面目猙獰的非洲蒼蠅。

「牠們何時絕跡，不再擾人間？」我不禁好奇地問。

飛蟻・浮塵子・蚊

香港每逢氣壓低，醞釀風雨的時候，總看見有些飛蟻和浮塵子飛舞燈間，愈聚愈多；外邊街燈四周也不例外。那些飛蟻是和蟻后交配的雄蟻，厥盡天職後，依從自然律而給摒棄，對於羣體再無作用，紛紛墮下死亡前，作出最後一次美麗而悲哀的舞蹈。翌晨，但見燈下小小殘骸遍地，我心也不禁黯然，感覺生命裏某些細微的東西同樣在光照消失後死去。

浮塵子同屬微小，有時牠們的死不可思議，是死進光的懷裏。也許到現在，仍是個謎；我仍不大明白，浮塵子的小小屍體究竟怎會擠進燈泡裏、光管裏，不留線縫的密封圓燈罩裏。心底下不期然暗暗羡慕，這麼卑微的小飛蟲居然把光明引進死亡之中，使人覺得死亡又並非這樣灰暗的一回事。

香港悶熱的天氣，往往引來連場豪雨；雨後却看不見彩虹出現；反而陰暗角落和背光地方，蟣蟣之聲盈耳，有如羣鬼手舞足蹈，用聲音製造恐怖。叫人厭煩的，是無影無蹤地掠過暗處之後，我們的皮肉受罪，好端端的却騰地紅腫了一大塊。最恐怖的還是有一次，雨停了不久，山邊房子門前的燈下空間，竟佈滿無數吸血蚊子，跟隨我的脚步，在我頭頂上像一捲小旋風般移動，眞的如影隨形。女兒抬頭看見，哇一聲想哭出來。那時，我冷然瞪視，感到一股怒氣上昇，再記不起飛蟻和浮塵子那種美麗而光輝的死亡，喉頭只覺齷齪難抵受，忍不了這些伺機吸血的討厭小人嘴臉。

什麼東西比較蚊子更可惡可憎呢？世上並非所有昆蟲都是可愛的。大多數雌蚊必須飲血，才能使卵成熟。牠們骯髒的翅膀發出嗡嗡聲，作爲性的識別，也是針刺人的前奏曲。像閃靈，像魑魅魍魎，使人混身發麻。能夠伸高手，胡亂拍死幾隻，已有一種莫名的快感。蚊子的死，却使我痛快淋漓，不似飛蟻和浮塵子那麼令我旣驚詫又惋惜。

大概人世間有些昆蟲的嘴臉是可恨的，但同時有些顏面是可愛的。也許不全是蚊子的罪過，也許是我的血引誘了牠們。

蒼蠅族

這是一種多麼無奈的感覺。每次在垃圾桶旁邊，看見這麼多蒼蠅，伏在腐臭殘餘和給丟棄的渣滓上，不免混身發痳，打個寒顫。天氣翳熱時，蒼蠅總無處不在，不論怎樣也揮之不去。這個世界，似乎不能沒有蒼蠅，因為人類怎樣清潔自己，仍刷不去四處分佈的骯髒。也許有人說，祇要骯髒不再存在，保持清潔，天下間的蒼蠅便全消滅。可惜，人本身的毛孔已無法乾淨，何況內心又經常佈滿密密痳痳的另一些蒼蠅，令人不快，蠻不舒服。

有些從毛坑飛來的大頭蒼蠅，綠光閃閃，更教人作嘔。甚至，看一位畫家專意畫的小蒼蠅，爬滿剝落的牆壁，用舊的枱布、發酸的牛奶、翻側的紙簍，也不禁覺得臉皮上像插滿了針，整個人很不舒服；有一種難以言喻的抑鬱，活像因為變壞而脹起來的生銹罐頭。這種境況下的心態，是極不愉悅的，比較苦澀還難受。偶爾，却感到自己也像酸腐了的肉，啡瘀的血同樣吸引牠們，滿足牠們嗜腥喜臭之癖；更悲哀的是竟眼巴巴看着牠們吸吮，無力將牠們趕走。

以前研究蒼蠅族，發覺牠們原來有很多品類。日常見的家蠅，與現代貪婪的人類互相纏結，總難分難解。牠們不直接咬人，可是分分秒秒威脅着我們的生命，污染我們的靈魂。牠們的複眼異常銳利，像一些人那樣機巧和快捷，懂得立即趨吉避凶，知道那兒可以赴羶競血。家蠅發育極速，每年可傳十代；所以，蠅子蠅孫蠅蛭遍佈，在人類的社會中難以消除。牠們擅長吹泡泡的把戲，不怕以醜陋和毛茸茸示人，而把肥胖留給下一代，蛀食屍肉、吸吮屍水。人們還稱讚牠們和青蠅一樣，有清除動物屍體的功能，對人類社會發揮很大的效用。

那些青蠅，其實比較家蠅更恐怖，可以成羣甚至成團地互擠在一塊兒，以吃腐肉爲己任；還沒完全成長，便鑽到動物的鼻孔和傷口覓食了。

這個世界畢竟青蠅滿眼，雖然道貌岸然，可是牠們的寄生和吮血本領如出一轍。牠們的卵，早就寄生在剛剛失去生命力的行屍走肉身上，吸取體溫和濕氣孵化。那些幼蟲，天生獨特本領，能夠分泌一些消化酵素，把固體的東西溶化。牠們但求生存，顧不了什麼卑鄙不卑鄙，齷齪不齷齪。人類不少社會體系，何嘗不是建立在寄生與吸吮方面！

我所見的虻蚋之中，感到不寒而慄的，還是黑蠅、馬蠅和鹿蠅。黑蠅是駝背的醜貨，我們稱之爲牛虻。牠們自小攀附在恒久的岩石上、有生命的植物上；在水的掩映之下，化成醜惡的蛹。沒有淤積的水便沒有黑蠅的蛹，沒有蛹便不會有成羣的吮血者存在。可惜到處偏偏多淤積。牠們的雌性，給羣體意識所左右，光天化日，同樣一窩蜂的競相掠奪，以動物的鮮血滋潤自己。

馬蠅和鹿蠅的饞相不遑多讓，還懂得用虹彩的眼睛，引誘詩人給牠們串詩篇。很少人認清楚牠們的眞面目；霍然驚覺給牠們咬破皮肉的時候，傷口滲出的血已給牠們舐乾，遺留下不知名的細菌和幾天的痕癢。

林間生活的人，責罵終日營營紛擾的盜蠅，指牠們賣弄「掠奪」的把戲。現今的盜蠅全明白，誰要肥胖自己和生活豐盛，必須學曉玩各種把戲，不妨外表模擬善良的蜜蜂，假裝對人類社會有益有建設性。牠們擅於以假面和舞臺式的形體動作，掩飾背後的掠奪，以假亂眞，使人混淆不清；而牠們就在人類寬恕與容忍之下，隱藏了本來的盜賊行爲，沾沾自喜。牠們比較非洲明目張膽咬人的采采蠅還可怕。

牛蠅給我們一種無止的痕癢，以鼻黏液爲食，匿於腔瘻之內，深諳怎樣刺激黏液分泌，使人類社會發炎和腫脹。他們匿藏的地方，我們却無法獲知；其實牠們又無處不在，和其他蒼蠅族同類的氣味皆中人欲嘔。可是，很滑稽，居然有人發囈語，說在蒼蠅的複眼中也看見了基督！

山之三

蒸發的人

這是一個多麼駭人聽聞但又顯得多麼眞實的夢。看似是科學幻想小說，不過那種感覺活靈活現；一伸手，即可觸及。

的確人如蟻聚，每一副臉孔力求符合潮流時尚，每一個表情和動作都經過電腦程序，裝作出來的感情同樣用電子機器來代替人手包裝。人，在大都市裏，就這樣地流動。

他們的身體貼得緊緊，肩膊是最新款最堅固最耐用的超合金，皮膚四周包裹可以防止傳電的絕緣體，不用給眞情電斃。面上噴滿防腐防蟲防蛀的預防劑，確有實效；還可維持人人可以認同的生硬笑容，這種笑十分配合經濟實惠的原則。

人人可以把自己變成一種產品，任何裝潢也可以像脫衣服穿衣服般變換。沒有人理會你有多少ＣＣ鮮血或多少公斤骨頭。這樣時髦的包裝不純是綽頭，是一種不會觸電的安全保障。所以，表面上不怕摩肩轂擊；內裏其實亦不必什麼電源體和熱量。少數民族認爲是缺點的「冰冷」，其實是這個時代人的「優點」；沒有人覺得有什麼不對，反爲「覺得不對」的人神經一定有問題。

你不能說那是屬於什麼物質的狀態，可能思想觀念是固體，原則變成液體。他們現代化的盔甲閃閃發光，能夠把黑夜也顚倒成白晝。他們分明是地球上的城市人啊，爲什麼我有一種怪異的感覺，以爲他們都是來自外太空的星球人，好像語言不同、訊號不同、觀點不同。他們爬動的動作快捷，兩手如強力磁鐵、如鷹爪，雙脚和背骨彎曲，脚板像生出一對噴射器。他們才是眞正統治「繁榮」的人。

突然，奇幻的事出現。在沒有一絲風的情況下，攝氏表跌至零下度數，四處一片乾冰發出霧氣。那些如蠅聚羶、如蟻競血的現代電腦遙控盔甲人，消失於無形、無聲、無影之中，不是隱形或沉淪，而是像水汽一般蒸發掉。那是不可思議和不可能的事情。物理學的原理也說過熱才能蒸發，沸點低的液體如伊打火酒之類才易蒸發。

但那是眼前所見鐵一般的現實，有靈魂學家說這是一種社會現象；也有人類學家推斷，人失去意志和個性，在沒有反省的情況下才會這樣子的。

圓心外的一張椅子

這次開同寅大會的時候，波士忽發奇想，在他絕對權力控制之下，要來一次改變形式，祇是改變座椅的形式而已，並非徹底改變什麼意識形態。一個人在說話，祇有一個人說的話才算數，除了一個人的意識形態外，還有什麼提議不提議和討論不討論呢？應該說是訓示、頒令，但又怕人們議論紛紛說他專制、霸道，所以用一層一層形式包裝，便可以玩假民主的牌。

這次形式的變換，是把自己放在正中央。大家如果要保有自己的椅子，就得乖乖地服從他很有禮貌而又很客氣的命令，提起自己的椅子，朝着正中央，好像朝着紅太陽一樣。相信沒有誰敢違抗他形似「親切」的這個提議，一個一個下層，好比一個一個冷冰冰又圓圓的星球，各有各自己的軌跡；可是，同樣圍繞着紅太陽旋轉，恭恭敬敬的，誰敢離開指定的方位？誰敢逾矩？

不過，旁人看起來，未免覺得好笑，因爲很像幼稚園或幼兒班唱遊，把唱遊老師環繞在中央；老師唱一句，學生不必思索，乖乖地跟着唱一句。老師拍拍手、拍拍大腿，大家也拍拍手、拍拍大腿。誰唱錯了、拍錯了，會給其他百分之百依隨和遵從老師的小小同學取笑的。因爲，不齊一就礙眼；不是用同一個圓心和同一個圓規畫出來的圓，就表示不屬於這個圓心，不屬於這個偉大恆星系；那便注定給排斥、給擠壓、給摒棄。

這次出乎人們意料之外的，是在環繞着紅太陽的層層椅子背後比較遠的一個角落，單獨有一張椅子，上面傲然坐着一個脊骨挺直而毫不傴僂向太陽的人。他不屬於圓心指定的任何軌跡，他有自己選擇的方位。他不要擠進圍着的其他椅子中間，縱使有足夠的罅隙他也不在乎，更不想擠進最前排去親近紅太陽；他知道這種太近的「親切」隨時會給強光刺盲自己雙眼，會在不知不覺間把自己熔化；那時，面目全非，祇有更倚賴紅太陽的引力。所謂引力，不過是絡馬首、穿牛鼻的代名詞。他這個單獨坐在軌跡外的人，遲早注定遭受排斥；但他才是一個眞正的活人！

——寫於一九八五年九月二十七日熤熤逝世三週年紀念日

保險箱

三年沒有打開銀行這個保險箱了。

每次續期，她委託妹妹代辦。這次回到美國去，懷着異樣的心情；終於按捺不住，清點箱內究竟還存有什麼珠寶首飾。她不打算帶回香港，橫豎再沒有佩戴的興趣，也沒有要佩戴的喜慶場合。

拉出箱子，一切頓感陌生，但是又似曾相識。像窄長的袖珍金屬棺槨，小小的箱子等於婚後的一個所謂「家」，四圍着多少光陰與寂寞；兩條保險箱鑰匙却在他人手上，自己開不得！

誰說結婚是人生的「保險」，家也不純是一個感情可以安放的庇蔭所。持鑰匙的人完全不明白什麼，不了解什麼；只想繼續保有，以爲鎖着了便安全。世間那裏可以保證「安全」？任何保有都不可能永遠。藏在保險箱內，並不等於永遠獲得。鎖着的東西其實也不屬於自己的。

手撫觸窄長如小棺槨的保險箱四邊時，使她覺得有一種刺人心脾的冰寒。外層似乎一切不變，但老早滿佈不爲人注意的無數細微氧化物，用冰寒作無形的侵蝕。

她怕揭開箱蓋。雖然捱過了這麼多日子；時間如薄薄的沙紙，磨去不少悽愴。可是，仍記得小箱內埋葬了自己九年青春。珠寶首飾尙存，繁華已盡去。人何嘗不是箱子內的裝飾品，炫示的場合才給拿出來！忽驚覺，生命光彩的虛假，磨損與萎頓多唬人！驀然低首，顆顆珍珠鑽石幻化成昔日內心滿佈的蛆蟲，一串串連起來、緊扣着。持鑰匙的人何曾懂得關心？何曾「眞正」過？不外像周遭一副副祇朝着銅錢和祇想着自己的冷漠面孔。她想：自己過去九年來的保險箱式生活，究竟怎樣忍受的呢？

一串串緊扣着的昔日蛆蟲，和過去一樣變成愈來愈沉黯了。多少失望、多少頹喪、多少寂寥、多少堅忍，都從蛆蟲的顏面上浮現出來。她願意變成一個失憶的人。讓記憶與那顆心一塊兒流產。

隔別了這麼多年的珠寶首飾，她還認得多少？永遠清涼乾爽的空氣調節，安全防盜的最佳系統，最週全的把守……，這算是享受？一個人能夠活在保險箱內多久？

衣領內的頑垢

蓮姑每週仍然來我們家裏，清潔地方和洗洗衣服。以前在我們這兒當傭人，也當了這麼多年，手繭越來越厚，白髮一根一根長出來又脫掉，耳膜幾乎再感覺不到聲波的震動。她對工作由煩厭到痳木，但是由捨棄到退隱以後，又納悶起來，終日獃在家中，無所事事，祇想着以前一些痛苦而現在已感無聊的事情，過去有很多空白與塵積，同樣使她老人家窒息似的，好比一隻又一隻大大小小的蜘蛛在心內織網。

她不能忍受自己再發慌。大概有些工作左忙忙右忙忙時，生銹的腦袋便不再胡思亂想，不再憶起自己從童年開始的不幸遭遇，以及所遇非人的悽楚。她的記憶力其實老早退化，可是過去的日子一道又一道汚痕層層叠叠，積存了這麼深，怎也抹不去。

她以前對於清洗我的絲質襯衣頗有分寸。不知道是否人老了，情緒日差，退休後心境突然變化，抑或是其它什麼原因，使她對於絲質襯衣內領留下的汗漬和汚垢，不但無法忍受，而且務求立卽除之而後快。她用潔衣液浸了又浸，按壓了很久；可能領內汚垢積太深，怎麼也沒法除去。她用小刷子由輕輕擦，變成使勁的擦，後來索性丟掉刷子，雙手抵着衣領用力地磨呀磨，絲質擦絲質。當初還停頓一陣子，拉近眼前看看，見頑漬還沒清除，更不肯就此罷休，簡直變成瘋狂，把領內一道粗粗長長的黑痕視作重重陰影，一定要抹掉才甘心。她忘了自己的年紀與職責，更忘了這件絲質襯衣是屬於我而不是屬於她的。

她的眼珠兒像慢慢曝光的底片，顯影液把她的過去浮現和聚集在衣領內的那道黑痕上。她又拿起來拚命搓搓擦擦，直至絲質由纖維披散以至磨爛穿透，形成幾道裂痕，和兩個大大的孔；着實潰不成形了。

任何人過去的頑垢也硬擦不掉的。我不知道她過去有什麼悲痛與錯失，亦不想問清楚她，因爲覺得毫不重要。她呆看已擦個稀爛的衣領，欲言無語，欲哭無淚，久久才訥訥說出：「我賠還一件給你吧！」這件襯衣是我的亡妻生前所送贈。蓮姑大概不知道世上有些東西永遠沒可能賠還！

用火燒手臂的女人

我並不急忙，我不過往參觀香港大會堂一個大型花展。我告訴自己犯不着依隨衆人衝鋒陷陣一般的脚步，氣吁吁的，到底爲了什麼？

步出渡海小輪閘口，休假的菲律賓女傭呑噬掉天星碼頭對開所有風景。人們掠過，沒有注視什麼，壓根兒不理會旁邊的人幹啥，也不認爲那些外來傭工霸佔了誰人的位置。大家習慣視而不見，聽而不聞，在人潮中我行我素。這叫做「香港式的自由」。

靠近花展那一旁，一幕觸目驚心的景象使我不但一怔，簡直愕然，整個人呆住。我知道自己顯現了雙重的驚詫。第一當然是驚詫這個矮婦人的行爲和樣相；第二是驚詫爲什麼四周的人竟然毫不引以爲怪，是否看見了也當作看不見，認爲「司空見慣」，還是習慣不去看周圍別的人呢？

那個矮婦人比較民間故事中的濟公和錢拐李還要髒，皮膚上層層疊疊堆積了無數污垢，「大回南」天氣却穿了毛線衣和厚厚的破舊棉襖。廢紙箱旁邊安放了她携來的十多個塞滿廢物的膠袋。她來回踱步，神態自若，所走的僅是方寸之地。頭髮蓬鬆，臉如玄壇。右手拿着舊棉花團，把蘸滿的碘酒上上下下塗滿左手；然後又轉用左手，同樣細心而緩慢地糊右臂，務求把雙手染成不均勻的龍膽紫色。

本來這也不值得大驚小怪，可是，我佇立了幾分鐘後，看見她騰地擦亮一根火柴，放在手臂下方，火燄貼近斑紫的皮膚，讓火直接燙到每一平方公分的細胞組織上。火柴燒光了，她任由火熄滅在指頭之間；然後再點燃另一根火柴，繼續灼着灼着，好像沒有任何反應與感覺。她是徹底的痲木？抑或對於痛苦祇有啞忍，因爲慣了煎熬，而當作是一種「遊戲」？她大概表演「魔術」給自己欣賞，志不在譁衆取寵。她是否通過這一點燃燒才覺察自己仍然存在？整個過程陷於無聲，像串演獨脚默劇。

那邊廂，花香飄來，人們祇顧洶湧搶購那些出售的花卉！

回歸到香港來！

他們的父親多麼愛中國的東西，在生時喜歡研究中國文物，看中國畫，遊中國山水；雖然目睹一些殘舊、瘡痍、污染的風景，接觸不少窮人；可是，就等於愛自己的親生母親，絕不會因爲她以前患過肺結核或現今還有點兒瘡癬疥癩，便不愛她。

兒女負笈外國，他還不斷叮嚀：「千萬要回到香港來，你們生於斯、長於斯。這是你們的家，你們的土地。別寄人籬下，把交流和吸收的東西，帶回香港來，把你們所知所學所能，用諸這個社會。這不是本心不本心的問題，做人總得有個感情，有點根，盡些責任。」他說這番話的時候，大家還不知道會產生一九九七年的問題。

做父親的，語重心長；孩子自幼也應該多多少少受他的思想觀念薰陶。可是，這個社會一般人的心態，學校的教育和同學朋友各方面的習染，不知怎的，具有更大更深的潛移默化影響力。

孩子長大了，要留學，放眼看多些地方，好，讓他們去走走，去闖闖。他自己年青時也僥倖有這個機會，家庭可以有經濟能力，讓他深造。可是，他早立下決心，一定要回歸，回到這個親切的小島上，盡他棉力，好好地耕耘和發展。那是他的理想。

他也深切希望，兒女將來也有這個理想；然而兒女大了，有自己的選擇，有個人的意向，做父親的又有什麼辦法呢？祇怪自己以前沒把回歸的意識進一步灌輸；又或者，不純屬他的錯。

自從一九九七的問題漸趨於明朗化，他很多向來高呼「與香港同生共死」、「關心中國人和中國土地」的朋友們，紛紛如驚弓之鳥，寧願移民，等於廢除自己的「武功」；有些甚至自鳴得意，以有「資格」有「門路」和「可以及早走」爲榮。

他帶着創痛逝去，臨終前仍祈求兒女回心轉意，最後一句話是：「回歸到香港來！」可惜，各兒女趕回來，辦完他的喪事，急急走了，像怕傳染了痲瘋一樣；他們定居異邦，成爲鐵一般的事實！

他·這個老頭兒！

他矮小而瘦削的身材，像整個人向內慢慢凹陷下去。一種無奈的蕭颯，但是又同時流露令人難耐的猥瑣。遠遠望去，真像童話故事裏那個鬼鬼祟祟而分分秒秒想去偷掘金子的貪心小矮人。

他的老妻突然中風倒地，送進醫院。醫生搖搖頭，表示準備後事了。他還向兒子津津樂道，說他的占算靈驗，老妻今年有難，遇白虎，過不了這一關。他嘻嘻哈哈的口吻像深透生死如來去的玄機；但是我很明白，現代很多人的心是不銹鋼製的、蠟油封住了的，不感到什麼是悲哀，也許早已沒了感覺，失去感情生活。人也是麻木的鋼！

在親友和外人面前，他哇然大哭起來，好比一個會上發條的洋囡囡。他很有本領，能夠控制自如，可以不換氣不回氣，像關水龍頭一樣又止住了哭，快速過車子緊急煞掣。這是屬於經過人工過濾、用人腦控制、高度調節的悲哀。

他大聲地喃喃。不對，既然大聲，便不算喃喃。喃喃不應該大聲的。可是，他的而且確二者兼顧地做到了。他大聲地喃喃：「買了最好的棺木、最好的墳地、最貴的石碑。」他却如此善忘，老妻生前怎樣孤冷凄清，受盡他的氣、給他漠視。前夫剩下來的錢財金條，幾乎給他做生意賠光，炒股票炒光，賭錢輸光，瞎三搭四散光了。老妻奉命替他看店鋪，十元酬勞一天，一脚踢。喝一盒維他奶麼？一元幾毫照樣尅扣。家的開銷麼？老妻要自己到處張羅，要靠兒子和外嫁女有多少孝心。

他合什雙手，口中唸唸有詞，狀似向吊下土中的棺槨誠心禱告。我聽得眞切：「妻啊妻，你要原諒我的錯，一切都是我錯，我對不起你，望你千萬要寬恕我，更望你一定要以後好好保祐我們的兒女，好好保祐我，使我長命百歲，財源廣進，得心應手呀！」他的誠心當然是爲了最後的兩句話。他的表情眞切，有目共睹。他又把一張塗滿懺悔與認錯的紙條，用石子壓在墳前。事情完結後，他一轉身，像放下心頭大石，心中又盤算着今期的六合彩該劃那幾個數目字，明天的賽馬又捧那個騎師了。

（有時，我們都像他，這個老頭兒！）

——寫於煜煜的母親去世後不久

工作狂

工作可以變成海洛英，教人上了癮，便難以戒除。是時代流行的步調？但不一定是生活鞭策人，這個僅屬可笑的藉口；人喜歡鞭撻自己，以爲追上潮流和適應進步的現代社會而已！

她並非不知道，人除了瘋狂工作、醉心工作、拚命工作、迷於工作之外，生命還有其他和工作同等重要的東西，祇是初時逼於無奈，後來工作的壓力日漸加重，久已成爲一種習慣，眞像吸毒一樣，愈吸愈多，難以自拔。

吸毒要付出代價，而她付出的代價恐怕更大。丈夫和朋友不可能再跟她談論什麼或傾吐什麼，根本上沒有時間見她。她的脾氣愈來愈大，主觀愈來愈強，也愈來愈疲乏。可是她不能停止，變成急流中的獨木舟，沒法半途停泊，更不能逆流划回頭。

她一生感到最遺憾也最痛苦的事，就是失去了孩子的撫養權。孩子剛出世不久，她多麼愛他，視他爲全部的生命，寧願犧牲自己一切。那時她絕沒有這麼忙，職位普通，並沒有大權在握。回想起來着實是最快樂的時光。有時，她在抹去厚厚的化粧品，對着鏡子，絞心瀝血，問鏡中映象，爲什麼自己會變成這個樣子？現代女性，難道眞的要走上這條路子才算「成功」，別無選擇？

此後，她更用工作來麻醉自己。現代人最「成功」的地方是否努力在淹沒眞正的自己呢？她拚命把工作砌成一座牢牢的監獄，將自己囚在裏面，甚至不休不眠，直至不支倒下，送進醫院。她疲勞過度，不醒人事。

醒後，醫生沒有把握，搖搖頭：「是B2型肝炎菌，熬不過這三天，就不妙！」但是終於吉人天相，跨過這一關。她如夢初覺，生命原來在麻木與疲乏中慢慢蝕損，以至消失。盲驢繞磨式的生活其實一無意義。急促的步調只會提早引向死亡，對社會不一定有益。

人類現今的文明究竟怎麼樣了？生活的節奏逼使人瘋狂。眞的「上癮」才可生存？是否男男女女都要一窩蜂「吸毒」？是否？

自殘

最近香港市民紛紛談論有關拐帶兒童把他們弄殘廢來行乞的事。如果屬實，着實恐怖；歹徒當然喪心病狂，殘忍不堪。

二十多年前，我見過好幾個自殘的乞丐，不是斷手，便是斷脚；還把斷的地方故意露出來給途人看，以博取別人同情。

初時以爲他們是戰爭或交通意外、工業意外的犧牲者，後來才從一位熟識這些乞丐的老伯口中知道，他們全是自殘來行乞的。聽起來可眞怵目驚心，世事匪夷所思的委實太多。行乞本來是最無可奈何和最卑賤的了，所得的銅板有限；但是世間上，竟然有人肯爲了乞取多幾個銅板，把自己血肉之軀弄殘廢，到底他們是瘋狂，還是眞的無路可走？

大家試閉目想想，一個人怎可以忍心操刀握斧，把自己的手指、手掌、手臂、脚板、或小腿砍掉？他們何來如此「勇氣」？是否一個人窮途落泊或饑寒交逼，便會幹出不可思議的殘忍事情來？

以前戰爭，臂兒腿兒給砲彈炸彈炸斷，或者受傷後生蟲發炎而爲了挽救生命才鋸去，全屬逼不得已。因傷病而逼得犧牲手脚的，大有人在；幾年前筆者在醫院學習替太太洗腎時，親眼見過很多這些不幸的人，着實叫人心酸和同情。

那幾個自殘的乞丐當中，泰半是青年和中年人。這的確令人更百思不得其解。爲什麼他們仍在精壯之年，不自力更生，找工作做？難道另外有隱衷？難道給黑社會或其他惡勢力逼至走投無路、無從選擇？抑或忍一時之「痛」，寧願做懶骨頭，靠展示自己的殘廢缺陷來討活？不過，他們到底是自己操刀把自己弄殘廢的，並非像那些受拐的可憐小童，是給那些壞人慘無人道的斬指砍臂那麼無辜！

談起自殘的乞丐，總教人發冷汗，吃不下嚥。但是回心想想，我們這個自私冷漠的功利社會中，有多少人亦形同自殘的乞丐，爲了幾個臭錢，在精神上、人格上、理想上、原則上、感情上，都不知不覺間把自己弄殘，用無形的刀斧砍自己了。

賣腸粉的矮老頭

第一次看見矮叔，是在廣播道的斜路上，距今差不多十年了。他身裁又矮又小，推着比他大幾倍的賣腸粉車子，使勁地和三合土的傾斜度抗衡，跟地心吸力對抗。

矮叔的表情不似有什麼抱怨，微微低下頭，每天習慣地推車上小山。我遠遠望過去，看見的好像是一個縮了水的神話人物薛西佛斯，竭力推大石上山。矮叔不也是幹着徒勞無功的工作嗎？我明白，他不外爲了討活。

那時妻還在人世間，天沒破曉，清晨五時許，便要我駕車送她回廣播道，監製晨早節目。所以，天如魚肚白色，必見這個老頭兒在淒淒霧靄中的側影，有如活在一幅放大了並無相片框的攝影作品裏。

好幾年前，每個晨曦，電視臺門口附近，冷清清的，祇有些學童等候校車，有些準備往拍外景的工作人員呆候。秋冬時節，餓着肚子，頂着北風，怪難受，人人很想吃些熱燙燙的食品，暖暖肚子。

四臺山像個孤崗，那有茶樓館子？電視臺和電臺的餐廳還沒開門。大概矮叔看中了這個「地頭」可以找兩餐，靈機一觸，從老遠推着車子來賣粥、賣腸粉了。

他對我說，午夜時分開始煲柴魚花生粥或皮蛋瘦肉粥，慢火熬至天將快亮，便連同一些腸粉和一大鍋子蠔油撈麵，推到「麗的映聲」和教育電視臺之間窩進去的凹位，架起篷子或撐起太陽傘，拉開兩三張摺椅幹活。

矮叔夠眼光，初時果然顧客如雲，不消三個小時，還沒到上午九時便賣光了。大家擠在小檔口四周，弄得他團團轉，沒半秒鐘喘息。太太同來幫忙，也有點應付不來。

後來，斜路上多了兩三個檔子競爭，也不是他對手。有人趕他，他搬到街道對面；再趕他，他搬到彎角不遠的斜坡。現今，其它檔子全捱不住，早就消聲匿跡；但矮叔仍然每天清晨在此開檔。可是他今早對我說：「以前一個清早賣光一千條腸粉，現今賣不到三百條。」

世界艱困，生活本身像竭力抓緊車子走下坡一樣！

老人與狗

那頭扁嘴扁臉的娃娃狗，看來不耐養。以血統來說，是頭普通中國小花狗的後裔，但是趣緻的樣貌眞有點像頭名種北京狗。牠年紀可能太幼，祇是幾個月大，全身不過是一團毫無意義的肉，匍匐時等於一條超級大毛蟲。今年冷至攝氏五度的時候幾乎送命，不吃不動，渾身打顫，老是流淚水。

泉嬸心知不妙，黃昏五時許，在門口張望丁伯，等候他和母狗經過。每天這個時辰，丁伯例必以老流浪漢的姿態出現，推着一輛自製的小木頭車，吊兒瑯璫，瞇起永遠佈滿分泌物的眼睛，一拐一拐，沿着發黃的牆邊，走到鄰近上班。他在泉嬸隔壁當大廈管理員。

短腳的母狗身型萎縮而矮小，大概生來如此，但是很明顯表露出生養太多的鬆弛和疲累。這頭母狗，呈現的老態比較丁伯不遑多讓。牠自知在前頭快跑了一點兒，偶爾停下來等候主人；垂下眼簾回頭瞥瞥主人的破膠鞋時，眞帶點驀然回首的味道。丁伯十多年來，形單影隻，就和這頭老狗相依。

泉嬸把小狗塞回給丁伯，連同一百塊錢作爲飼養費。這頭扁嘴扁臉的娃娃狗可能斷奶太早，如果繼續不肯喝餵給牠的奶水，牠一定會夭折。唯一拯救的方法，是讓丁伯憑他的老到經驗，悉心照料一段時期。丁伯訥訥地說：「母狗已斷了奶，早乾掉！」

他沒有絲毫把握，勉強應允。那究竟是母狗的骨肉，到底先天不足，還是營養不良呢？那就不得而知。這頭母狗向來以嬌弱之軀，每一胎也產下異常強壯的小狗，比較牠大一倍。丁伯養不起這麼多，祇好依依不捨，一一送予他人，換取一些紅封包作爲酬金，幫補捉襟見肘的生活。孤伶伶也有好處，負擔小，牽掛少；旣身無長物，更無感情的債項。

大約三個星期後，扁嘴扁臉的娃娃狗總算熬過生死關頭，懂得唁唁而吠和搖尾巴，倒有點生命的「火氣」，丁伯早午晚用心照料，餵以奶水如餵嬰兒，養壯了便交回給泉嬸。可是過了幾天，沒有人再看見丁伯和老狗沿發黃的牆壁走過。

一個多月後，我們才知道丁伯和老母狗都先後去世，而那頭娃娃狗却懂得咬人的鞋子了。

快樂的輪椅人

第一次見他的時候，他神采飛揚，口角綻出了自然的笑容，就像一朵蓮花綻放。結實的肌肉，充滿生命力。挺起的胸膛，使人明白氣魄究竟是什麼。他有一副孩子臉，可是比較保羅紐曼年青時更英俊和有性格。

光看他的上半身，煞是標準運動家身裁，每一立方厘米的肌肉那麼完美。羅丹再生，必然以另一把雕刻刀來表現這種美感。但是，不屬於浮淺肌肉文明式的肌肉，裏面可以找到意義，與現今徒有其表的皮肉包裝迥異。

他，坐在一張特製輪椅上，雖然像常人穿了長褲子，不過和他健碩的上身相較之下，却掩不住雙腿的萎縮和退化。他絕不覺得自己永遠坐在輪椅上，比較別人低下或卑屈。他時常開啓的笑容和他的心扉一樣，瀰漫了無比信心。下肢癱瘓，沒有對他構成任何障礙。他要用輪椅代替雙足，環遊世界。

那雙強而靈活有力的手，運轉如輪，不讓那雙因意外而造成的殘肢把他釘牢地面。每天的旅程維持十八公里，生命跟他的意志一樣在地面飛馳。好作弄人的風能夠擋得住他嗎？石子路、泥濘路、崎嶇路，全無法阻礙他操縱的那張特製輪椅前進。

那自然的去勢，如海鷗掠過沙石與泥濘堆成的波浪。他在轉動中，側身、揮手，配合他昂首時流露的微笑，在我看來，眞的比較蒙娜麗莎的微笑還美還「神秘」。是生命的神秘奇妙！我感覺到這個人有一種力量，像一個看似平凡的先知，但是給人堅勇的啓示。究竟什麼使他快樂地不斷前驅？

我和他交談，發覺他異常關心別人，特別喜愛小孩子。他並非沒看過汚染的河流、凌亂的廢墟、沸騰的沙漠；他自己十五歲遇意外時，更經歷人生的痛苦、坎坷、困難、失望。可是，他通透和肯定了生命的一些必然東西之後，要以屁股坐着的輪椅和自己的行程，替殘障人士籌巨款，推己及人。

騰地覺得，他是汚水渠世界一朵盛開的蓮花。

採梨子的兩個老人

她想起蕭伯，眼眶紅紅，幾乎想哭出來。

她在加拿大南部，經歷最悲慘的人生時刻；離開了橫蠻無理的丈夫和兩個可憐的子女，沒有工作，舉目無親。結婚這麼多年以來，身體不好，婦科病又多；學非所用，乖乖地在家做主婦，活像一隻螃蟹，給剁掉了拑子爪子，能夠爬行到那裏去呢？本來什麼也丟不開的，現在也要丟開了。

蕭伯和蕭伯母暫時收留了她，讓她在人生的路途上歇歇氣，再站起來。蕭伯說：「辛辛苦苦唸這麼多書，辛辛苦苦做工，賺取學費，所爲何來？還不是要產子，過毫無意義的刻板生活？」蕭伯母拉拉他的衣角，示意不要再說下去了。

蕭伯年青時，跑到加拿大的餐館捱苦。那時的法例，合法妻子也不能因此而移民，所以二人天各一方，各捱各的；一年又一年過去，霎眼間浪掉了青春。奇怪的是二人並沒有變心，或有外騖之想，默然無語過日子；書信也不多寫一封。

二人再聚時，已過了生育之年，垂垂老矣。人一生最好的一段黃金時光，便這樣飄洋過海，交付給生計，無可奈何。幸好日子沖不淡他們的好心腸。沒有誰怪責誰。隔了二十多年，幾乎再認不清彼此的顏面。眞不知道他們二十多年來怎樣忍受的；終於，他們遠離凍土地帶，在五湖附近快快樂樂一起。雙方似乎忘掉失去的青春，不計較沒有子女。

蕭伯八十多歲，仍然一副臺山鄉愿打扮，戴着那頂戴了三十多年的舊帽子，駕駛那輛老爺車，像蝸牛般緩駛過屋前那道橋樑，從不覺得夾雜在飛馳的新式轎車和跑車之間。他永遠要蕭伯母坐在車廂後座，怕她坐在駕駛位旁邊易生危險。兩老的舊屋旁邊，有一棵老梨樹，每年長出的梨子又大又甜。二人獨創了一門採梨子妙法。蕭伯母縫製了一個長形布袋，袋底至袋口高及樹頂。採梨子時，祇要把袋口用長桿伸至熟梨子下面，輕輕套着一扭，梨子就自動像玩滑梯，沿着窄長的布袋滑到袋底的窄口，絲毫無損；拿出來便可以放到嘴裏啃了。

蕭伯和蕭伯母這樣利用自製的長袋子，讓梨子從袋口自動滑到地面上來的方法，可說萬無一失，不必用梯子，也不必攀上樹枝這麼危險。每個梨子滑到他們的手裏，二人的皺紋便載滿光輝。她認爲，蕭伯可能是最老的駕駛者；而二人這個趣怪的採梨子方法，大可以登記發明權。

蕭伯母從沒有憂慮，膝下無兒女，但是覺得生命還會跟隨人類的脚印而延續。

有時，她着實有不開心的片刻，參不透生命的玄機。夜半，獨自冒着晚寒走出屋外，對着似乎比較她更孤獨的老梨樹喃喃訴說。脚下的草兒也聽不清楚她訴說些什麼，風把聲音吹走。但是她肯定老梨樹聽見她的細訴。

有時，在陽光下，她凝視老梨樹的裂痕，默默感覺裏面綠色樹液上昇，就像人的血液流動。那些樹幹的裂痕似乎隱隱中顯得愈多愈深。老梨樹和人同樣面臨一種難以言喻的恐懼。原來無聲的時間藏着巨大的浪潮，任何存在隨時會遇上突如其來的危機。新鮮的綠色仍無法掩蓋必然的變動，什麼最挺拔堅立的東西亦會稍縱即逝。

老梨樹的樹液內所含的東西，使她覺得難以觸及。

蕭伯在她黯然回港後不久去世，差不多九十歲高壽。醫生說他沒有什麼特別的病，祇是身體一切機能幾乎全部退化。生命力怎樣強的人，生命終也有結束的一天。

據說，蕭伯死後，蕭伯母賣掉房子，住進老人院。有人作伴總可以緩和風燭殘年的悽清；況且端午時她裹的家鄉粽子，倒算有人能夠繼續分享。

她三年前回到加拿大探子女時，順道走過蕭伯母的舊屋，使她忍不住哭出來。原來舊屋和老梨樹早已剷去，變成現代化的超級市場。老梨樹和蕭伯在這個世界上消失。她忽然覺得生命始終要受砍伐；十丈紅塵逼人，還有什麼狹小方位可以容下一棵綠色樹液上昇的老梨樹？

現在又事隔三年。她沒有蕭伯母的消息；今次回去，更不知蕭伯母在老人院裏已死還是仍活着了？

獨眼龍

驟看不過是幾株很普通的紅色美人蕉而已，沒有什麼特別；可是從另外一個角度看，發覺每朶花的右瓣是橙黃色有斑紋；以美人蕉這種平凡的花卉來說，這樣的變種比較稀奇。我經過大厦圍牆外邊的時候，不禁駐足細看，忍不住掏出隨身携帶的照相機拍照，可是圍牆的欄杆排得密密的，不論我用長鏡，抑或站在任何方位，也很難拍攝其全貌和神韻。

站在欄杆內有位阿伯，穿中山裝，一副鄉愿模樣，偏過臉來，向我說：「何必仰後、彎腰，又長鏡又短鏡那麼辛苦，既然你這麼欣賞我種的這些花，打那邊閘口繞過來，便可以拍個飽了。」

看他的樣子，相信必然是這裏的管理員。我喜出望外，老實不客氣跑進去，用快速的動作，從不同角度拍攝，恐防遲一會兒，他會改變主意，把我趕走似的。我只全神貫注到那幾株紅花身上，回頭定定神，才發覺他另一邊臉，像望遠鏡中的月球表面，有很多窩下去的小孔和隆上來的小肉粒。那邊的眼睛瞎了。他粗壯黝黑，異常爽快，看似農夫，也像軍人出身。

「這種花卉很容易種植，繁殖快；你喜歡，拿兩株回去種吧！」他還沒有覺察我滿臉不好意思，已彎身俯視，用手隨便挖出兩株，撥撥黏着的泥土，塞進我的手裏：「拿回去，拿回去！」

我以前不認識他；他也沒有遇見過我，可是沒有把我當作陌生人，對我更不可能有什麼「企圖」，犯不着奉承一個從未謀面的「傻子」。我從他的親切、爽朗、好客的態度，忽然覺得，我們居此小島太久了，慢慢失去一些人與人之間最寶貴的東西。

他對我毫無顧忌與防範，不像一般管理員那種「審犯式」或「禁宮守衞式」的態度。我反覺靦覥；其實我們和「萍水相逢」差不多。他像看透我的思路：「不必猜疑了，我這麼做不是爲了什麼。日常難得有人和我談上幾句，更難得有人欣賞我栽種的平凡花卉哩！」

我的佔有慾並不太強，對於稀奇的品種當然有興趣，但是不一定要獲得或擁有。太多的擁有反而是一種負擔。如果我要研究這個「變種」的生態，大可以經常來這座大廈的圍欄旁邊觀看。我已獲得太多品種，漸次發覺成爲另一種冗贅。可是，這一回，我實在感到却之不恭。

我接過兩株變種的美人蕉，頻頻稱謝。那陣子，我對這位獨眼管理員的興趣，比較對那兩株紅花更濃。

「你不是在香港土生土長的吧？」我也希望以他那種平實爽快的語調，跟他談話。

他微微笑着，下意識地把難看的一邊臉偏了過去，不是故意要隱藏什麼，但這個小動作蘊含了一些答案。他反問我：「我像是這個小島的人嗎？」他的確不像。我問他的眼睛怎會變成這個樣子。他笑說：「我從大陸來了香港以後，從來沒有人問我這個問題，怕我尷尬或難堪。事實上我多渴想有人問我，使我可以說出我的過去和我的心事。我不想別人忌諱、要我隱蔽些什麼。你這樣坦白地問，反而使我覺得不應該積鬱在心裏。有些過去的事、有些瘡疤、有些創痛，說了出來倒舒服，有人肯關心實覺痛快，有如浮一大白！」

聽他的語氣，不大像個老粗；我敢肯定，他經過很多人生歷鍊。他開始講述爲什麼會弄成這半邊怪臉、怎樣給濃煙燻瞎了一隻眼。其實，我覺得經過的細節不是那麼「重要」，是他整個人說話時流露出來那種勇氣、精神、和一點點眞實的人性，使我感動。

那是十年動亂年代，人心惶惶，他當過兵，解甲歸田，悉心於園藝，多年吃苦，他自已創建了一個小小農圃和花棚。可是有一天，沒有什麼因子引發，突然夜裏來了一羣臂彎纏着紅帶子的少年，窮嚷種植花卉乃封建思想、屬資本主義，不由分說，放火燒農圃和花棚，他撲前想灌救，險些燒掉一臉邊。

我要走時，問應該怎樣稱呼他，他笑嘻嘻：「人人叫我的諢號：獨眼龍！」

侏儒

最初遇見他的時候，還以爲他是個小孩子，因爲他身高像個七、八歲大的孩童，甚至聲線也和小孩子相近，可是看清楚點，他有唇髭。以一般人的相貌來比較，他着實有點兒古怪，可能有點唬人。眼睛小，額高而濶大，像科學怪人，嘴兒有些歪斜。自以爲「正常」與「標準」的人也許會說他「畸形」。

「今年的白色夾竹桃早了開花。」他不認識我，可是看見我跟他一樣，拿着一副照相機，埋頭拍攝公園裏的花朵時，好像認定我是同道中人，了無界線。他沒有機心或企圖。一種奇妙的感覺佔據了我，他和我之間沒有任何透明或不透明的圍牆存在。雖然人的自然反應，使我的目光凝視他時，不禁呆了呆。我的凝視可說是好奇多於「歧視」。

我微微笑了笑，跟他一見如故：「你也喜歡夾竹桃？」他點點頭：「我什麼花卉都喜歡，和你一樣。」我有些詫異：「你怎曉得我什麼花卉也喜愛？」

他從花槽邊跳了下來：「你是李英豪吧！我每天都在報章上讀你寫花卉的文章，還有在一份彩色周刊中的。我知道你忙於整理一系列『香港養花集』的全彩色專書……。」

我不禁一怔，原來他是我的忠實讀者。「我最近看到你的新書「訴衷情」，內裏有你的近照，所以認得你！」他不等待我追問，便自動解釋清楚。

話匣子打開後，我們談來很投契。

他蠻有耐性，公園風很大，把他要拍攝的「紅千層」吹至搖晃不停。他調校好光圈和快門，等了又等，終於等到了靜止的一刻。

我坦然問他：「你不怕比較常人矮小嗎？」他眨眨眼睛：「一個人不把自己看得太高，自然快樂很多。一個快樂的人，怎會自卑？」這是他的哲學。

我們分手時，我不知道他的姓名，也不知道他的身分，更不知道他的來處；但是有什麼關係呢？我已把他看作一位同道朋友！

大自然異客

我所認識的人當中，只有阿叔一個走遍港九新界各大山頭。有些溪澗和綠坡，幾乎每一塊石子每一根枯草，他也熟識。

阿叔自從來到香港以後，二十多年來，可說全靠大自然把他和一家大小養活。他不像是這個世紀這個年代的城市人，祇酷肖鄉間來的異客；現代人大多數和大自然脫了節，很少學他那樣子仍敬仰地把大自然當作哺育他的母親。

他抵港時舉目無親，身無分文；於是倣傚小時候在鄉間，跑到各個山頭，看看有什麼山草藥，可以採下來出售。他年青時學過幾年中醫，認得一些草藥。有時在西貢，遇見檀香樹，砍伐了一大堆，放進背囊，跑回市區。有時遇見毒蛇和山蜈蚣，已習慣了怎樣應付。他比較香港植物學家更懂得辨別那些是有毒植物，更清楚什麼地區有些什麼花木。他是讀山頭長大的。

有一次，阿叔偶然發現一道山澗，有很多十分特別的清水小蝦，形如蜂腹，於是自己命名爲蜜蜂蝦，捉回去賣給水族館，轉運到美洲發售。他靠這些小蝦養活了自己好幾年，每次捉蜜蜂蝦，必然單獨帶備氧氣筒，黄夜上山，挑燈捉至天亮。因爲小蝦日間多數躲在石罅間，晚上才游出來。其後山澗受附近地區的廢料污染，蜜蜂蝦死光了，阿叔只好轉到海邊捉鹹水珊瑚鱠，有些嬌小而七彩。他用番薯自製一些廉價飼料，居然不斷試驗，體會出一種方法，可以使鹹水鱠在兩天之內變成淡水魚。因爲他察見小鱠吃飽後一小時內適應力特強，於是每次餵食後，把小鱠轉移到鹽度減低四分一較淡的水裏，總共轉移三至四次，小鱠便能完全適應，不會死亡，可以運到海外。

後來珊瑚鱠消聲匿跡，阿叔靈機一觸，到偏僻的海灘拾些大貝殼，又到山間檢些小樹頭，別出心裁，設計成精緻的小盆景，供應各大花店。

阿叔娶妻生子，就此養大兩個兒子成家立業，現在還栽培一些奇花異卉，時常跑到山頭海邊，與大自然共呼吸。

他沒有唸過什麼書，可是發出特異的生命力。他才是現世的「稀有品類」！

斷了四指的人

最初看見這名青年斷去四個指頭，不禁一把冷汗，心想，他是怎樣砍掉了的呢？是給人砍去？給機器軋掉？還是自己不小心？一團團疑惑在我心頭盤纏。

他以極端熟練的手勢，伸進網籠內，靠一個指頭把蚱蜢一按，便手到拿來，比較我們用五個指頭還靈活。每頭蚱蜢，活像給他催眠似的，乖乖就範，從不抗拒，從不知道要逃命。也許，蜢兒是小鐵釘，他僅剩的一指兒和掌心是強力磁鐵。我眞的看不清楚他的閃電手法。第一次看時，整個人呆了，認爲是不可能的事。

他瞥一瞥裏面擠滿密密麻麻蚱蜢的網籠，幾乎可以立刻告訴你：「沒有『蝓蟧』蜢了，『大花臉』倒有很多雌的和雄的。全活生生，雄的每隻元半，雌的兩元。」

我剛說完「要五隻雌的！」他已神乎其技，像超人的電光眼，分辨出暗黑中那頭是雌的「花臉」，好比連環出招的高手，霎眼間便把蜢兒捉進滿佈透氣小孔的膠袋中。

我連看也沒看清楚：「是全雌的？」他纔有信心點點頭道：「儘沒錯的了，你放心！」

後來跟他混熟，閒扯起來，才知他從大陸跑到香港好幾年。談起他少年時的生活，他有點兒怵目驚心。

聽他的語氣，好像那時印象最深刻的是一個「餓」字。文革時候，他永無法吃飽，尤其在發育時期，更需要肉類。黃昏有空，便獨個兒跑到附近的山林設陷阱捉野貓。他捉過幾頭，帶回家中，給大家裹腹。有一回，天快黑了，碰着一頭毒蛇，蟄匿草叢間，給牠咬着指頭兒，痛徹心脾，立刻認出是有劇毒的金腳帶。他自小跟父親跑慣山頭野嶺，深知趕不及回去求診，必會劇毒攻心，途中暴斃。於是，記起父親的教導，立即拿起隨身要來砍野味的利刀，砍掉自己的指頭。怎知手在發抖，天色又迷濛，忙亂間竟連旁邊的三隻指頭也砍掉，救回自己的命子。後來，野貓絕了跡，他便捕捉蚱蜢，燒來充饑了。

管理員

妹妹和老父老母住在隔鄰，每天我遇見他們那大廈的管理員，實在有一種莫名的欣喜，和以前在自已住處所遇見的不可同日而語。

負責日間工作的老劉，以前在電視臺當清潔工人，他說認得我。每逢任何住客外出或回來，他不分彼此，例必禮貌彬彬，以第一時間用鑰匙打開鐵閘，誠懇地打招呼，叫句「你早」或「你好嗎？」你等電梯時，他會親切地和你閒談幾句，有如親友，但是從來不會使你覺得有半點兒煩厭。看樣子，他樂於幹這份工作，並不覺得卑微和委屈。

老劉知道我愛花。大廈圍牆旁邊的那棵玉蘭樹開花了，他剛看見我步進大廈，像個純眞的孩子，老遠便嚷着：「快拿攝影機來拍照！」四季桔長出叢叢小白花的時候，他以欣賞的眼光，央我看個清楚。他的態度，和一些匆匆外出匆匆回來却什麼也不關心的「冷板臉」住客截然不同，恰成強烈對比。

大厦有位孤獨老婆婆，怕他午飯沒有足夠肉食蔬菜，有時多煮一點，端下來給他吃。

「老劉關懷人，爲什麼我們不可以把他當作一家人，也關懷他呢？人是需要這樣子的。」老婆婆說來有道理！

當夜更的阿盧，人頂有溫情；知道家父嗜中國酒，他自己釀製了一些。有一晚夜深時分，我剛要離去。阿盧匆匆忙忙撲出來，把我叫住，手中拿着一瓶自製土酒，塞到我手裏，操客家人口音說：「折回去，先拿給你的爸爸，他會喜歡的！小小心意，送給他老人家喝！」那番熱誠和樸實，毫無「做作」成分。

有三個多星期，阿盧早上七時許，還站在大厦門外，拖着個小女孩。妹妹問他幹什麼，本來他每早應該六時半下班。他開心地笑笑：「這女孩是大厦的住客，父母每早趕上班，菲傭放大假回鄉，早上沒人替她截車。她太矮小，司機經常看不見她，便不停車……」阿盧眞好心腸，一切出於自願，認爲自己遲走大半句鐘也「絕不打緊」！

A座婦人

我們以前住的大厦，每層不過三個單位，可說十分簡單，可是，A座的上海婦人和她的子女，從來不跟我們打招呼，十多年來如一日，面孔冷冰冰。孩子由成長到成家立室，同樣以一種刻刻提防和猜疑的態度，看我們這些鄰人。那一塊塊鐵青的面譜，使人無法接近，不同於其他一些大厦住客或業主，沒有什麼話兒閒聊，也老遠跟我們打招呼；雖非熱切，總算禮貌周到。

當初，我們例必先開腔，說聲「早晨」、「好嗎?」「今天暖和了一點兒!」但是，A座婦人暨子女，照樣全無回應，匆匆偏過臉去，垂首而過，深怕我們高攀或存心不良似的，哼也不哼半句。由於屢次沒有回應，以後我們同樣對他們變成冷板臉，默然啞然，不是瞧不起和不屑，而是連招呼也再提不起勁兒。我們生活在香港，有時卽使在鄰近、日常多數會碰面，但是就習慣了沒有回應。

A座婦人試過三次向我們談話。第一次，我們剛搬進新居，所有錢花在買樓的首期，沒有餘錢裝修和購置傢俬。那A座婦人從門外探進頭來，以「大嬸式」的語氣說：「這麼寒酸，豈能住人？」我們請她進來坐坐和喝茶，她感到鄙夷，不免小覷我這等「一介寒士」。

第二次交談，她幾乎把門鈴按破了。我剛開門，她不分青紅皂白，誤會我們想用殺蟲水「噴死她」。其實我們那位鐘點女傭並非故意，祇因為看見大門縫隙間有蟑螂出沒。A座婦人嗅得難聞氣味，一口咬定是「有意」噴進她的大門底縫「害她」，以求「報復」；簡直把我弄至一頭霧水。但兩次「交談」時間相差了好幾年！

第三次是「殺蟲水之役」後，接連的幾天內，我們門外貼的「B」字給人剷除，閘邊無緣無故有些臭水和死魚腐肉，閘門上畫了幾個大交叉。鐘點女傭呱呱嘈，我請她清潔了便算事。那個時候，A座婦人突然出現，硬說我們「寃枉」她，「賴」在她的兒子頭上，吵了半天。

自此，我「安於」向來那種「啞然」與冰冷，欲語無從！

足球守門員

中學時代，他已是一位很好的足球守門員，渾號「爛頭蟀」，使我們經常把他和當時香港著名門將鮑景賢相比。他的把關本領了得，恍若「鏟鐵手」。當時我踢右翼位置，和自比姚卓然的金仔，不論怎樣叩關、射門、「發重砲」，老是逃不過他的五指關。

他善於及早預防，又善於隨機應變，經常如神機妙算，捕捉對方心理；而且夠勇、夠狠、夠準。他說，是父親的影響最大。父親在日常生活中，也經常「教導」他：防人之心不可無啊。生活在這個社會裏必須先學曉當一個好的足球守門員。所以，別當前鋒，別去衝刺和發砲。說好聽點，是堅守自重，判斷準確，安於本份。可是，他的父親不大明白，人不能永遠祇當一名守門員。

他的跳、撲、搶、偷、彎身、滾地、拳打、托後等等化解功夫，着實與別不同，深得父親「衣鉢眞傳」；有時，撲向別人脚下搶球，或飛身撲救「死角波」，也不是全無危險，可能比較踢前鋒更危險。不過，他深知自己一生的責任，要做到「牢不可破」四個字。

可是世界上又怎會有牢不可破的龍門呢？他就是不透悟這個道理。父親的期望，成爲他在足球場上的唯一準則。他總站着，觀望友敵由遠跑近，又由近跑到遠遠。他祇能站在龍門附近的綠茵上，不敢逾越十二碼白線範圍，怕一萬幾千雙眼睛責備他，他怕父親的幽靈在他心理翻騰。

他離開學校以後，沒有繼續踢足球，但是在人生中，他仍然鍥而不捨，依照父親遺訓，像當足球守門員那樣堅守壁壘。他永遠沒有一個進取的目標，永遠不懂得射門，永遠沒有驅策自己越過中場線。一個人沒有射球的指向，其實是悲哀的，就像手持飛鏢，却看不見「紅心」在那兒。

他眞的越來越像一座壁壘，默不噤聲，比較以前更少說話，更不想表達自己內心的感覺，怕人攻破他的防線。他情場中幾經失敗，人很孤獨。最近，便傳來了他在美國自殺的消息！

春雨綿綿

那天和女兒在春雨綿綿的路上閒逛，看見一個掙脫母親手臂向前跑的四歲小女孩，在轉彎處摔了一交，小屁股朝天，湊巧摔在我的面前。我不認識她，但是很自然地搶前兩步把她一手拉起來，彎身看看她弄污了的衣服，問她有沒有跌傷。小女孩用奇怪的眼光看看我，天眞地搖搖頭，沒有說謝謝。

她的年輕母親很緊張跑過來，一手把女兒扯回她的身旁，先看看女兒的臉部有沒有擦傷，繼而氣沖沖，不由分說，指着我說：「你走路不帶眼的麼？發鷄盲？竟然胡亂撞跌一個可憐的小女孩？」

我不禁一怔，大概那是轉角處，她看不清楚實際情形；又或者，她是看清楚的，祇不過不知是什麼原因，使她偏要這麼說。小女孩用更奇怪的眼神仰頭看看媽媽。

我正想解釋清楚，我的女兒已忍不住開腔：「爲什麼你這麼不講道理？是她自己跑快了滑倒，我的爸爸好心腸，把她扶起來……」

那個女人聽了，無名火起三千丈，戾氣十足嚷道：「你當然幫你的臭爸爸！」話剛說完，悻悻然拖着小女孩：「我們走，今天可眞倒運，遇上瘟神！」

小女孩無法控制自己的脚步，但偸偸地回頭看看我，不是感激什麼，而像有點替我叫寃！

記得幾年前，有一天早上，正當上班的時間，同樣春雨綿綿，大家一窩蜂趕時間，有如衝鋒陷陣。一個中年瘦漢子突然在近吊板的小斜坡上滾跌地面，微微抽搐，不知道是什麼不妥。身旁的胖女人，大槪是他的太太，立卽蹲下，狀甚慌張。可是，趕時間的人們視若無睹，照樣匆匆跨過。

有人說過，紐約等大都市，如果在鬧市中心突然有人心臟病發作倒下，同樣沒人停下來問「需不需要幫忙」。原來香港此地也不例外，是否屬現代文明的特色之一呢？

那次，我駐足彎腰，問是什麼事，要不要代搖電話通知救傷人員趕來時，那個胖女人却厲聲罵我：「關你什麼事呀，死八卦公！」

這個世界，似乎戾氣和冷漠，代替了關心與信任！

客情

人人叫他平叔，但是我跟他原本不算是什麼相識；可以說，我們僅屬一面之緣。他從雲貴方面來，我甚至弄不清楚是雲南還是貴州。他也不知道我的過去，不曉得我的底蘊，當然不清楚我想些什麼。

他不過來香港探親，偶然的機會和我碰面，無意間閒談起，知道我喜歡養花，喜歡栽植中國蘭蕙。我聽他說剛從雲貴方面來，便問及貴州的「金鷄黃」和雲南的「豆瓣綠」。中國蘭花中的黃花和白花特別稀罕。我自已蒐集不少珍貴白花，如「玉蘭素」、「四川雪素」、「雲南大雪素」等，可是「鷄油黃」和「朶朶香大黃花」仍嫌不夠鮮黃，手頭的「豆瓣綠」品種是沒有香氣的。

平叔說知道往那兒可以找到金黃色鮮紅捧心的「金鷄黃」和有幽香的「豆瓣綠」。我們祇閒扯，人與人之間，往往萍水相逢而已，談談已是緣分。我們甚至沒有交換電話和地址，就此分開。

過了好幾個月，我忙於整理我的散文集，埋頭拍攝所養的花和撰寫「小小說」，幾乎忘掉了平叔，實際上我們並無什麼交情，也沒有什麼私人關係或公事來往。這也難怪，誰的心可以容載這麼多人呢？尤其是香港的生活，猶如一道戟光，閃過卽逝，難分光影。

過了幾個月，他從介紹我和他相識的朋友口中，打聽得我的地址，突然再從雲貴來港，特地帶了一株特種「金鷄黃」和有香氣的「豆瓣綠」，免費送給我。我多麼詫異，初時以爲他是「水客」，以爲他希望賺取多少，甚至以爲他另有所圖，或有求於我。我不好意思收下，但是他終於洞悉我的疑團，坦白說明：「並非爲了什麼，也絕無目的，祇是因爲知道你是愛蘭的人，眞正喜歡這些品種。」

好一句「並非爲了什麼」，我感到萬二分慚愧，似乎在香港這個小島住久了，也不知不覺間沾染了此地人們的習氣，變成疑心大，錯把別人的一腔純眞熱情當作「必有所圖」，以爲不是「打關係」，便是「有目標」。

我到底變成怎樣了？似乎跟大家一窩兒在盤算、猜疑。眞誠的客情竟然不獲信任！

一切為了子女

一位朋友本來在意大利的電影大學畢業，但是限於際遇和其他種種因素，在導演事業方面，可說鬱鬱不得志，的確時運不濟，也許初時本港很多老闆怕虧本，不敢創新，怕觀衆不接受，所以「藝術」不起來，使他空懷抱負。後來進入一間大機構，從事行政工作，拾級而上，待遇蠻不錯，而且地位穩固。雖然慢慢地像升了「神枱」，至少生活安定，不愁衣食。他在這段期間，結婚和生兒育女。

我曉得，他始終還有那一點「心」，那一份渴望，祈求能夠達到自己當初的理想和宏願。他是個自覺性頗強的人，知道自己這麼樣躭下去，會逐漸在不知不覺之間，磨掉自己，而且磨成圓圓滑滑，事事謹慎和細加衡量其利害輕重。他實在很清楚很清楚，在這個社會中，講求安穩麼？就像沙灘上無數無數的沙粒，給浪花淘盡任由沖刷；雖不會毀滅，也難有自己的面目。他並非不甘於平凡，祇不想生存僅是一種任由沖刷與擺佈的遊戲，早晚潮汐如是，欠缺了主宰。

然而，他屈從，甘願把命運交給浪花。為什麼？他的自省不夠嗎？泥足深陷，再懶得拔起來？他把理想鬥志勇氣等等拋開，全心全意照顧他的子女。他的一切忍辱，所有默從，皆因希望下一代在生活安定的環境下長大，不想他們捱窮，不想他們沒有其他人子女般的享受。其實並非沒有人找他拍電影，他也不是沒有跳出外間、再從頭發展、以遂其願的機會，反而是自己不願意，從來不加考慮。

不錯，他怕！現實裏有一種拖曳人與牽制人的驚異力量。家庭和子女可以使一個勇士苟安，消磨壯志，甚至把靈魂的一部分割下來，拿去典當。如果從另一個角度看，也許應該說，他的「犧牲」是「偉大」的。他明白拍電影不穩定，猶如一場賭博，賭輸了可以一蹶不振，沒人可憐你。縱使今天「成功」，難保明天不一敗塗地！

他就是因為愛家庭愛子女，寧願把自己關在「保險庫」內了。

老頭子

阿朗撥撥頭髮，不知怎樣開腔跟父親說才對。父親把爐火扭小，粗糙而又滿佈厚繭與裂痕的手，拿起鍋子搖兩搖，把鼻子俯下嗅嗅：「嗯，好香！」其實他的臉瀰漫一大股汗味，沾上一些泥漿，還沒好好抹乾淨；特別是他那雙混有煤氣和霉味的大陸膠鞋，使人呼吸怪難受。他經常穿着又厚又殘的牛仔褲，和膠鞋一樣全是泥濘污垢，洗也洗不掉。他替煤氣公司掘路和更換煤氣管，臉上髮上盡是歲月刻痕，用沙紙恐怕亦難以磨掉。每天放工到市場買菜回家，跟同屋的住客爭用廚房，匆匆燒飯洗菜，等候兒子回來吃。很多時候，阿朗功課多測驗多，或者愛看電視愛逛街，餘下的碗子碟子也由老頭子慢慢清洗。

老頭子有時倦怠要命，但是從沒有抱怨半句，喝兩杯「孖蒸」，看看狗經馬經，精神抖擻一些，又彎起身子，跑去洗衣服。有時腰痠背痛要命，沒人替他鎚骨，索性買了個「不求人」式的小布鎚，自己屈曲手兒，不斷揮動，倒算覺得痛快。每次叫阿朗鎚鎚，阿朗總推搪說約了同學，或推搪說趕着溫習。

自從阿朗的母親患急性肺炎去世後，兩父子相依爲命。老頭子很辛苦才捱到阿朗唸中學，邇來經常胸口翳悶和頭痛，想不自己承認有點老態也不成了。

老頭子熄了爐火，把熱騰騰的肉和菜倒進深深鍋下去的碟子中，早已發覺兒子訥訥於言，一定有事情跟他說了。「什麼事？不夠零用錢嗎？」

阿朗搖搖頭，壯起膽子說：「是學校開家長會，老師要你出席，可是……」他頓了頓才繼續：「你一定會這個鬼樣子去的了，西服也沒有一套，我怕失禮。同學如果知道我的父親幹什麼工作的，我會很「瘀」啊！日後那有面子……」

老頭子聽了，臉色一沉，十分難受。他知道自己沒知識，祇苦心撫養却不懂管教；可是區區幾句話，竟反映了下一代一些少年的虛榮和愛面子的心態，忘了父親劬勞，難怪老頭子心如刀割了。

變質的隱士

「詩話總龜」談到宋朝杭州的林和靖，淡泊名利，狷介恬澹，在西湖孤山隱居，二十多年不涉塵囂，朝夕與遍植的梅花和名爲「鳴皐」的兩鶴相處，祇以梅爲妻鶴爲子，臨終前曾寫了最後一句七言詩：「猶喜曾無封禪書」。

其實，根據清初陳淏子所說，林逋當時在孤山，不但養鶴，而且還養了一頭鹿，名叫「呦呦」。林逋每逢叫牠的名字，「呦呦」必然像頭貓兒般聽話，走到主人跟前，任他撫摸。有詩爲證：「深林棫棫分行響，淺葑茸茸疊浪痕；春雪滿山人起晚，數聲低叫喚籬門。」這種鹿，古名班龍，屬「陽獸」，牡鹿有角無齒，「夏至感陰氣則角解」，本屬自然的生態。

除了林逋喜結廬養鹿外，相傳古時有個玄都觀道士，也愛養鹿，用作看門口；如果有客人來，鹿有人性，像主人般馴善喜客，鳴而迎之。生病時，道士則用鹽拌豆來餵牠們。

能養鹿代替奴性的狗，自是雅事。可惜今世之人，煮鶴焚琴者衆多，使人耳濡目染，許多幽夢亦會變成惡夢。比方，昨夜竟夢見一個畫上面譜的道士，是否來自玄都觀則不得而知，他和欣慰爲平民的林逋「湖上青山對結廬」，我好生奇怪，這位道士莫非要傚法清介耿直的李侍郎，與林逋清談竟日？我舉步移近，但見頭頂鶴飛盤旋，鳴唳不休，廬前圍欄高與肩齊，豢養了不少梅花鹿和馬鹿，全是有角的雄性。

道士對林逋說：「你看過『夢溪筆談』嗎？書中說鹿角自生至堅，不及兩月，大者重二十餘斤，其堅如石：一晝夜生出數兩重，甚爲神速，所以是骨血之至強者，能補骨血，堅陽道，強精髓也！」語畢，令衆鹿狂奔，血充雙角時便以繩繫角，舉而一一砍之，再敷上「玉眞散」。雄鹿痛極哀鳴，死命掙扎。道士哈哈大笑曰：「我養鹿，志在其茸角而已，有商業價值！」

林逋亦磨刀霍霍，宰了一鹿一鶴，像茹毛飲血，笑說：「我亦爲了補血延年，利己爲先。」繼而二人齊扯下面皮，露出現代人的皮相，原來那是一種「易容術」。

這個惡夢，近在眼前，却破壞了心中的風雅。

積鬱

上星期女兒帶了一位同班同學回來。她也叫阿珊，但和女兒的那個山字不同。

阿珊有一個可愛的小蘋果臉，長長的頭髮，粗粗的眉毛，鳳凰女一般的鳳眼，中國娃娃那樣扁陷的鼻子。面帶羞澀，很有禮貌和我點點頭。可是，自始至終，默不作聲，像一座沉默的小冰山，埋葬了無盡的抑鬱。女兒和她說話，她頂多「嗯」一下，或應對兩聲。

阿珊走了以後，女兒向我說，阿珊十分怕老師，在學校一句話不敢說，永遠乖乖地坐着聽講解。老師抽問她的一些問題，如果她不大懂得回答，便立卽急至丟眼淚，牙關也打顫，面青唇白。

有一次，阿珊乘搭的巴士車胎洩了氣，又遇上交通擠塞，恐防遲到給老師責罵，甚至留堂，結果跑上斜路時太心急，向前慣倒，雙膝擦破，害得襪褲染滿了血，還得捱預防破傷針的注射。

「她在學校不和你們同學交談的嗎？」我問。

「阿珊很少說話的，」女兒回答：「我們也不知道她終日想些什麼，有時好像夢遊太虛。她總是一個人瑟縮一角，死也不和我們一起說笑。不過，每天祇有一個小息，各有各急忙，趕着到洗手間和小食部去，那有時間多交談？夠鐘下課又匆匆各自歸家。」

「你可以多些請她回來玩呀！」我說。

「那有空閒時間？天天這麼多功課做，常常測驗考試。最多打打電話問功課，又匆匆收線了。」

女兒鼓起雙腮是有理由的。

昨天，阿珊又跟女兒一起來做功課，其實她最有興趣彈彈我們那座鋼琴，祇是不好意思開腔。我問她，爸爸幹什麼職業的呢？有多少兄弟姊妹？她突然忍不住，哇一聲嚎啕大哭。女兒輕聲向我耳語：「她的父親年前病死了。她是獨生女，沒有兄弟姊妹。」我好像忽然明白阿珊爲什麼沉默、積鬱而畏怯。看來，她未來仍要繼續在孤獨中成長。

生命中有一種不可理喻也不可改變的東西，吞噬着我們每個人。

山之四

抱

有一天黃昏，女兒傲山嘻嘻哈哈，心情輕鬆，突然跳到床上，高高站着，頭頂幾乎碰撞吊燈。我斜睨一眼，發覺女兒原來長至這麼高，大約也有二點三公尺吧！她有點忘形，撲向我那邊，搖搖欲墜。我活像從前那樣，下意識地抱起她，踉蹌倒退了兩步。哎喲，這小妮子好重！這才想起原來很久沒抱過她了。

女兒小時候，總愛我把她抱在臂彎裏，好像有一種安全感。小頭兒東張西望，開心時小身體不停地搖搖擺擺，磨至我的手腕痠痛。有時玩倦了，枕着我的肩膊尋夢去。有一次旅行，足足抱了我三個多小時；我這個父親雖然悃倦，但也愉快。從襁褓時代，抱至她進小學，兩父女仍分別享受抱與被抱的樂趣。她唸小學時，偶爾也會雀躍起來，雙脚離開地面，像小長臂猿的撲摟住我，不知道自己不比以前那麼輕盈。

上次抱她的時候，是妻去世。我抱着她的頭讓她哭。然而，轉瞬間，她唸中學二年級了。時間丟落了多少舒服的溫馨。孩子是不斷長大的，有她自己的成長過程。我們做父親的日常在忙碌中，竟然忽略了不少現實的進變。

像去年，女兒突然向我說，體育老師要她們佩戴胸圍。我才如夢初覺，自己的孩子很快長大。生命裏多少東西，不但經常令人猝不及防，尋且驚覺永不可能停留於某一個階段。女兒自小每天早上起來，例必親我的臉；上學離開之前，放學回家之後，和上床睡覺時，也一定親親爸爸。在每天的親親中，她像一棵小樹般升高，一切都在不知不覺間變化。

記得那天站在百貨公司的女裝內衣部，陪女兒買胸圍時，顯示一種莫可言喻的靦覥和尷尬，面對着女售貨員，不知把頭藏到那兒好。料不到四十來歲，自問思想開放，竟會覺得這麼不好意思。

我對女兒說：「爸爸再抱不起你了，不像從前那麼有力，現今有點疲倦。」其實，我多麼渴望仍能把她抱起來哩！

沒有水的早上

昨晚整理「香港養花法」一書的資料，大約淩晨三時才支持不住，沉沉睡去，幾乎着涼。今早起床，渾身酥軟。女兒老早獨自上學，怕電話鈴聲吵醒我，輕輕把房門關上了。好像醒前發了一身大汗，春天天氣可難捉摸。皮膚給膠漿黏滿似的，很想早上洗個澡，抖擻一下精神，寫點栽花筆記，澆澆花，然後又要挽着照相機到觀音山去。

扭開洗手盆上的水龍頭，哎喲，竟然沒有自來水流出來。莫非這個龍頭再像上一回那樣，中間那塊黑膠又給悠長的日子磨損了？懶得理會什麼原因，水龍頭好比機件，壞掉就是壞掉，無須花時間找根由。

跑到厨房和後厠所，水龍頭同樣失靈。糟糕，沒有水供應！單位的總水掣並沒有關掉，分明全扭開了的。爲什麼這麼突然？大厦佈告版上沒有貼出修理街喉而要暫停供水的通告。搖電話問管理處，管理員也不知所以然，祇乾脆回答大厦內沒有任何單位要裝修理水喉，同時表示樓下也涓滴全無。

我看看暖水壺和開水瓶，內裏的水昨晚已喝乾。突然我感到一種莫名的惶恐，喉頭膠結枯渴，牙縫間隱隱發出陣陣臭氣，甚至自己也不能忍受！

全身佈滿的膠漿快乾了似的，忽覺自己身處於沒有水的沙漠區，化身爲一棵植物。葉綠素開始給鬱悶的氣化熱殺死，一杯水勝於一個王國。牙垢與腐齒的氣味愈來愈中人欲嘔。在沒有水的早上，我才發覺自己有這麼多顆開始顯現黑點的齲齒。那些隔宿的臭味必須清洗，那些膠黏的汗一定要擦去。乾了的鼻黏液使我呼吸不暢；眼膠使我看不清楚東西，甚至不想睜開眼皮。現今才恍然記起，忙了十天還沒有洗過頭。原來一個骯髒的臭皮囊，內內外外那麼需要水。日常有正常的足夠的水供應時，不會覺得水珍貴，因爲扭開水龍頭的現代生活方式委實太方便，太「照顧周到」。

文明的國度裏，有誰操心珍惜水？突然沒有水的時候，生活便露出不可言喻的危機！

車尾廂內的風箏

如果我沒有算錯的話，該是三年之前的事了。那天和女兒到西貢，步過一間破舊店子，居然掛滿一些用紙糊成的手製風箏，粗拙中顯出簡樸，圖案和色彩有些圖騰味道。旁邊放滿一排排線卷，那些線全部蠟了玻璃粉，鋒利無比。

記得兒時常在天臺或利園山放風箏。那時的兒童焉有現代孩子那麼多玩具，更沒有電腦和電視，不是拍公仔紙、玩陀螺，便是每天近黃昏時份，抓起線卷和風箏，直奔上天臺。有一回，因爲和鄰家的孩子競快，不小心給梯級間的木扶手彎出來的一口釘子，割傷左手手背，迄今仍留下一道約七厘米的疤痕。現時翻手看見了，兒時的記憶隨風飛起來，不帶半點唏噓，也不抖落什麼塵埃，反而覺得童年的幻想和生趣隨風箏飄上半天，無罣無慮，也不知民間疾苦與生活勞累。唯一擔心的是跟人鬥風箏時，會不會給人「鎅」掉。自小我不喜歡被割斷的滋味，老是擔心斷鳶會不會飄墜海中而沒頂。其實有什麼分別呢？斷了的風箏在高處，距離我們地上的地方愈來愈遠，慢慢會隱失眼前。斷了就無從挽救，那還顧及風箏在未知之處落地時會否跌痛屁股呢？苟能「鎅」斷別人的風箏，必然揮手叫好，興奮莫名。孩子就是這個樣子，以爲勝利了，全沒想到對方也會難受。

西貢店子的風箏沒有甚麼奇特，女兒也沒有我兒時那種「福氣」。以前在國貨公司買的膠料大紙鳶，十分「重身」，放不起來，祇能擺設在大廳牆上，作爲裝飾。

我忽然有一種衝動，可能給自己三十多年前的記憶吸引，忍不住買下三個風箏和兩卷線軸，放在車尾廂內，準備有空時，跑到飛鵝山上放。可是，不知怎的，風箏壓在草蓆傘子和其他雜物下面，隔了這麼多個日子也就破了，我竟忘掉這件事情，每次打開車尾蓋，風箏也不會自動飛出來。

今天檢拾風箏殘骸時，才醒覺現今的孩子不再須要風箏，我們大人的心也給壓在車尾廂內，風箏失去了地位。

挫敗的滋味

家中的小型電腦，不但可以輸進各種程序，還可以玩各式各樣電腦遊戲。這是個電腦時代，下一代很難和電腦脫節，甚至遊戲也變成電腦化了。

我向來玩電腦，老是笨手笨脚，比較對着副英文打字機打字還要笨拙；不論按掣或推動短桿子，並不靈活，跟女兒有天壤之別。以前妻在生時，對電腦的反應比較我還要遲鈍，總慨歎我輩遲早都會給電腦淘汰。我們在電腦面前，顯得無知，而且有一種「追趕不上」的挫敗感。可是，我們也有個隱憂，下一代是否會給電腦吞噬？他們反應敏捷，按掣快，分分秒秒能夠和電腦競賽及抗衡；不過，他們太信任、太倚恃電腦，漸漸懶於思考。簡單的數學也不自己動腦筋，把它們全交給電腦。我不知道他們將來感情上是否也可能出現危機。

孩子和電腦競賽，好勝心強，要一較高下。電腦變成「一個夠曬數」的現代孩子孤獨時的伴侶。以輸入程序和快捷地給出答案，作爲一種「交談」，但是，沒有關心，沒有眞正的對話。電腦的回應，確切準繩而冷冰冰。

這個時代的教育「先進」，女兒也不得不學習電腦課程，玩電腦遊戲。她的小指頭像跳現代舞，眼珠兒轉兩轉，已可預測和透視電腦下一步的行動。她再不怕接受電腦的挑戰，每次和電腦單獨對壘，總着着佔先，洞悉其玄機。比方與電腦對奕，必勝電腦；與電腦打籃球，勢如破竹。我和妻總應付不來，頭筋暴現，汗流浹背，不及三兩個回合，即一敗塗地；而我們向來自愧不如，慣於接受現時代給予我們的種種挫敗；尤其是玩電腦遊戲輸在女兒手上，從不覺得自慚形穢或心有不甘。

最近，和女兒玩一種新的電腦智力遊戲，居然第一次贏了她，但是她騰地哭起來，大概感到「意外」。

我在這個電腦時代，還能說些什麼呢？祇好說：人生怎樣機械化和進步，必會有輸的時候，而我們必須同時學曉，接受挫敗的滋味！

圍棋

不知道從什麼時候開始，他對下圍棋發生濃厚興趣。以前，老是拼命賺錢；賺的愈多，對生命的安全感愈懷疑；但賺錢是香港人的人生目標，似乎也幻化成一種所謂「哲學」。

向來，他愛家，更愛家人。每天辛辛苦苦工作至七時許，才帶同疲倦回家；日常盡量推却無謂的應酬；每個週日例必和妻兒子女外出，吃吃海鮮，划划小艇，看看電影。他把賺回來的錢，全花在豪華的房子、車子，和其他生活享受上。父母、兄弟、親戚、朋友，伸手向他要錢，他從來沒有拒絕。他賺的錢每月數以十萬計，但銀行戶口從沒超過二十萬元。

以前他沉迷網球、麻將，可是過了一段時期，似乎失去了挑戰性，對於勝勝負負感到有些冷漠，缺乏刺激；反正在網球場上跑來跑去，使他不停喘氣，以中年人的體力來說，有點吃不消。而在麻將枱上，看見太多盲目與輕率，更不忍目睹朋友爲了微不足道的籌碼把人際關係破壞，甚至像西藏天葬師拿刀子一塊塊肉割下，感情像屍骨般敲碎，形體也蕩然無存。

圍棋的很多格子，具有特異吸引力。在我看來，同樣是荒謬的遊戲，和打網球搓麻將一樣必須在一個限定的四方形內進行。大概生命不能走出邊線，要在困囿之中戰鬥。棋子的連續與切斷、吃與被吃、互攻與逃走、「地」（盤面）的佔據，「刦」的操縱，死子的處理，整個布局，全部有限制的規則……，使他迷惑不已。他時常記起林海峯的話：「棋的死與活、吃與被吃，都是戰鬥；而戰鬥的結果，決定勝敗的，就是『地』（盤面）。」

難道這就是我們生存的形態？

他濃厚的興趣變成野心，他的着迷變成癡狂。忽然他覺得一定要奪取冠軍，奪取之後每年還要繼續維持這個榮譽。自此，他減少了賺錢的時間，把精力集中到棋藝的研究上。每天工作之餘，例必到俱樂部和不同對手下棋，至深夜才返家。每天見子女的時間不超過十五分鐘，也不再帶子女外出遊玩了。他感到祇求娛樂自己；這是一種荒謬的挑戰！

大厦

這是一幢高尙住宅樓宇，外牆粉飾華麗，鋪砌了新式對花瓷磚。門口的拱閘，堅實、穩固、雕巧，有點兒西班牙別墅的味道，圍牆更是一流設計。不知何故，香港人向來講究而又精於建築圍牆、閘門、鐵鎖、電眼等等。這幢豪華大厦，像我幼時看七俠五義大破銅網陣中那麼機關重重。管理員黑靑的臉，不論生張熟李，皆奉旨嚴加查問，語氣好比審判官。這類現代大厦眞像新式堡壘。

住一樓也好，五、六樓以至十二樓也好，總言之，任何一個單位，所有露臺、窗框，全布滿好看的雕花鐵枝，有各式各樣的圖案顏色。有些人爲求安全和心安，一重鐵枝還不夠，要兩重三重，層層叠叠，蔚爲奇觀；理應獲頒「最佳防盜防人獎」。

大厦停車場的車位少不免加建了一些特別吸熱的鐵篷。每輛房車有自動鎖，在房車前面兩根鐵柱之間，另外拉起一條用膠喉管套着的長鎖鏈，又粗又大又結實，相信古羅馬競技場的大力士也扭不斷。鐵鏈的一端有一至兩把鎖。車子停在停車位或不停在停車位時，鐵鏈同樣拉起鎖上。

我走到四樓找朋友，剛推開電梯門時，陣陣煙薰過來，使我不斷嗆咳，慌忙掏出手帕來，掩住口鼻。

朋友雖然約好了我，但是仍然趕不及準時回來，大概又是塞車。香港九龍為什麼總是時時刻刻到處也會擠逼與阻塞的呢？

我按了幾次門鈴，沒有人開門，沒有！不過站不了兩分鐘，頓然感到窒息。這兒，我懷疑究竟有沒有新鮮空氣進來的？我開始注意廊道兩邊的樓梯通道，都有防煙門緊掩，密不透風，這是現代應有的「杜漸防微」措施。本來電梯口右側對面有個活動透氣窗，但是給A座封死了。我透過鐵絲玻璃，可以看見窗外邊給A座裝的冷氣機門住，難怪要封閉，否則冷氣機噴出的熱氣使人更難受。C座門口放了兩個大香爐，每個香爐三炷香。煙不停冒出，然而困在廊道沒有出口，蠶食了氧原子。

我實在忍不住，奪門奔下梯級。

後來朋友向我說：「我們都樂於住在這裏，這大厦有什麼不好？」

地車所見

地車門打開，那些像秦兵馬俑復活過來的人，洶湧衝過另一邊車廂，有如失去隊形的步兵，匆匆轉身撤退，恐怕遲了半步便給背後的敵兵追殺。生活的「敵人」是否眞的這樣子可怕？抑或習慣的倥偬硬使人步步轉急？

那邊車廂，車剛停了，要下車的人還來不及擠身出去，迎面而來的活兵馬俑急不及待淹至。大家所走的方向充滿對抗性。

一羣年約十三，四歲的少年，呼嘯而進，粗言穢語，旁若無人；手中拿着一些連環圖書，全是表現肌肉與拳打脚踢的功夫。其中兩人穿着校服，頭髮糊滿了發亮的「這厘」，不停咀嚼不知是香口膠還是吹波糖；圍觀着連環圖，揭不了幾頁，突然一人向身旁「夥伴」使勁劈出一掌，對方卽還以飛脚，險些兒踢倒前面抱緊母親大腿的小孩。乘客無不側目。劈出一掌的那個少年，腕上露出一隻名牌金手錶，時而哼出「我要——我要——」的肉麻歌詞，和另外一名窮嚷「壞女孩」調子的高個子對唱，形成很不諧協的刺耳聲音，夾雜了一大堆什麼「積素」、「瘀」、「痺」、「誇張」等等字眼，老是在襲擊人的耳膜。

將快到下一站。一位老婆婆，挽着兩大袋舊衣服，還有一個紙手抽，顫巍巍站起來，準備下車。她把雙眼瞇成一條縫，有點張惶失措地看車廂外邊，在倏忽而過的地下「風景」中找站名，仍然帶着疑慮，問旁邊的婦人：「這一站是否銅鑼灣？」

這位大鼻子婆婆語帶鄉音，那羣少年中有一個聽進耳裏，竟側頭向着老婆婆，拉拉鼻子，模倣她的怪音調，接着嘻哈絕倒。他的譏諷使老婆婆莫名其妙，尷尬地拖着沉甸甸的袋兒，一拐一拐下車，身子側過一邊時，那名少年擺出「雙龍出海」姿勢，以防她眞的倒壓過去時把她推開。旁邊另一人聲如雷鳴：「睇中呢條女呀？」幾個少年笑彎了腰。

我站在另一端，黑壓壓的人頭把我阻隔開。車門關上，其他乘客又若無其事，繼續展覽兵馬俑的「表情」。

脚印

自小喜歡看沙灘上的脚印，大大小小，形形式式；發覺有些缺去一趾，便瞎猜了大半天到底是什麼怪物留下的。

有一次，沙灘上一邊留下了一排排巨型鞋印，另一邊則全是距離相同的三點印，以爲是太空獨脚怪；追蹤過去，始知是一名跌拐了右腿的老人留下，他持的金屬拐杖，下面的脚是三點式的。那位老人家右邊臉有一道十分明顯的傷疤，是他的過去留下永遠的印痕，恐怕直至他死的一天才磨滅了。他笑笑，說：「孩子，人走過的地方，總會留下一些東西。」

現今慢慢記起了老人這話的含義，可是，人到中年，在沙灘上再像往昔踏着濕沙的時候，有一種說不出的滋味。偶一回首，看看自己後面的脚印，似乎沒有多大分別；突然一個浪冲上來，席捲而至，退去之後，脚印湮滅，無數不知名的沙粒立卽塡補了那些凹陷脚印的空間；須臾，一切又像回復原狀。有時眞的覺得難堪，甚至不可忍。

一個人在濕濕的沙灘舉步，並不像踏在水門汀上那麼輕巧容易。雖不致步步維艱，但是走起來比較費勁。也許有時又覺得好像留下了一些印記、一些辛酸，祇是頃刻間便給沖刷掉。

忽然想起鄭愁予的一句詩：「我們，總難忘襤褸的來路」。「襤褸」二字，教人感喟。如果屈膝蹲下，細看身後足印，着實看見腳底或鞋底遺留在碎沙上的「襤褸」。誰還肯佝僂自己，花時間去辨認？

在雪地上種下的腳印，更叫人寒心。我們不論是否帶着一丁點兒滄桑，倒算根植於此；怎知剛剛舉步，一陣狂風，便掃平了我們使勁踏過的地方。

我們在這世界，體切地踏着、踏着、踏着，以為多多少少也留下一些腳印給這世界，然而，腳下盡是冰冷。我們其實祇艱苦地走過一段雪路，並沒有留下什麼痕跡。

統治着我們的仍是那個浪，那陣風，仍是大自然。它們能夠把什麼東西也抹去。

小舞臺上的自由

編導說，這個就是你們的舞臺，你們就祇能夠在上面表演你們的才華；你們可以自由地發揮，眞的，一切都可以很自由，十分自由，像本來的自由那麼自由。在不侵犯和違背製作原則與規定下，任何舞蹈藝員都可以在舞臺上意到心隨的表演。這種表演是完全屬於民主的，不過，沒有基本限制的舞臺便不成爲舞臺，祇是一片空地，一片荒野。可是，大家躍上舞臺時，必須表演出色，不能怯場，不應半途中止。

大家努力綵排，每一步小心翼翼，恐怕不符合臺位，不配合節奏。每一個手勢，每一個動作，完全依照編舞人的意思。大家那麼齊一，根據指示擺動身體，一切隨着脚本的安排而舞蹈。

我們永遠看不見背後和上方有任何繩子扯動，因爲這些全是値得人們尊崇而且知名度高的舞蹈家，不是提線木偶或布袋木偶。高明的地方便在這裏，臺下的人不會看見布袋和裏面控制的大手。

背後也不見得有什麼影子投下。所以，舞蹈藝員絕對自由地在表演他們的藝術；他們是一個個「個體」，用身體說出語言。縱使臺下觀衆不感興趣，或者看至不耐煩，亦不敢說這些舞蹈不夠「藝術」和不是「創作」。他們步步爲營，也步步跟音樂渾成一體，深怕錯跳了一步，或做出一個出軌的姿勢。他們氣喘如牛，可是不能讓觀衆看出，必須呈現氣定神閒的樣子。

寫脚本的、編舞的、監製的、無不躲在一角乾着急，害怕在人人可見的舞臺上會「一子錯，滿盤皆落索」。演出不成功，他們必須承擔責任，無從推諉。

大家認定這小舞臺的演出是眞正的自由，但又不逾矩；於是鼓掌，讚賞這個舞劇空前成功。似乎，我們都忽視了那個舞臺的特定空間，也忘記了幕後有這麼多精心編排與指揮的人。然而，這就是我們所存在的自由定義！

裂

西安城西南大約一里之遙，有一座由隋煬帝居藩時的舊宅所改建的荐福寺。初次踏足寺內的小雁塔，好像給一種神秘的因子牽曳着，使人蹭蹬而迷惑。那不過是屹立在一幅古老風景中十二丈左右的古塔，也許它自己不覺得困頓和疲乏，不覺得在這古老文化中自己給人遊覽之外只屬於一個微不足道的殘軀；甚至它給那股洪流上的人遺忘了。

小雁塔好像一個滄桑而頹敗的坐禪古僧。遠望過去，似乎危危乎而欲倒，在似險非險間仍然堅持着自己，做出一個不倒的姿勢。近觀的時候，我不禁由一種詫異衍化爲微微的顫慄；特別是定睛凝視，深深覺得那一道存在於塔中間的一尺多寬裂痕，狠命地劃在我的眼珠上、我的心上。裂痕自頂而下，是否給憤怒的神直割了一刀？

僧說，本來塔有十五層，明朝嘉靖四年間發生地震，塔頂給震坍了兩層，現僅餘十三層；而且塔身震裂爲二。神好像嫉妒，要把整體拆分爲二。可能是那種古老歷史積聚的力量，使塔傲然堅持，不肯就此倒下。神不喜歡我，神罰我，把我震裂；何其忍也，可是，我誓不倒下。破裂之軀，抗拒那突如其來的變遷，缺而不潰，裂而不塌。

大概神的心軟了下來，後來又劇烈地震，竟然把塔的裂開兩邊震至幾乎合攏起來。現在的裂痕仍在，但是任憑你千百次震，小雁塔也習慣了自己的傷痕，縱使貌似困乏亦不怕任何變故。除了自己坍下之外，試問還有什麼比較以往的裂痕更深更痛？

我個人對於裂痕，可說常常有一種恐懼感。最初兩次看波蘭斯基的電影「冷血驚魂」，端的怵目驚心，不是因爲心理變態的兇殺，不是那隻腐臭布滿蒼蠅的剝皮的兎；而是那一堵一堵牆壁，剎那間，勒勒一聲，裂開；街邊地面的三合土，在你毫無心理準備下，倏忽間，裂開，裂開，裂開……這種恐怖，令你驚叫也來不及；並非變態者的幻覺，而是感覺到最眞實的生活裏的那些無形裂縫，人與人之間的感情和關係的分割，不可預測便掩至的變幻。而我的小雁塔啊，你在多少剝落與飄搖中，給我一種不再怕裂開的信心！

雁塔神鐘

西安古城有三千多年歷史。慈恩寺泥黃色的方形古塔，是大雁塔。高適所謂「千里何蒼蒼，五陵鬱相望」，杜甫登臨時更描寫爲「仰穿龍蛇窟，始出枝撐幽」，而感嘆「秦山忽破碎，涇渭不可求」。

人生有此光景，眞如登大雁塔，從下層爬到上層，觀感迥異。下層昏暗，光線很少，好比龍蛇洞穴。人生的閱歷與經驗高了一層時，才覺生命豁然開朗，如出幽境。生命中不少時刻，雖登上塔頂，可以俯視河漢，但是仍會「烈風無時休」，心中的秦山，亦如視境中的秦山，騰地破碎。生活就是這樣，難以維持一個可觀而永不破碎的形貌；一切分明的事事物物，縱使如涇水渭水，亦抵擋不住本身的流水東去。河漢之聲，清秋之景，可遇不可求。世間情世間人，亦可作如是觀。

吸引我的不是大雁塔，而是蒼蒼鬱相望位於西北方的另一座泥黃色方形古塔，是中間有一道由地震形成十分明顯裂縫的小雁塔。那股鐘聲，滌蕩着雲，同樣和我的心境般「磴道盤虛空」，和不遠處那些更虛空的石碑一樣，刻着我經歷時光隧道所留下的千千百百個名字。

忽覺那些震落黎明霜露的古鐘聲，湧出一卷丹青雲氣，跨越蒼穹，好像要去尋附近王寶釧傳說中的寒窰。初聞古鐘聲，只覺清脆悅耳，悠揚而同時甚鏗鏘。再聽清楚，它又敲落多少埋葬在石底時的追憶呢？

不錯，本來它就像往事般隱藏在石底，是這口直徑丈餘和重約兩公斤的古鐘在石底啊！一名僧人說，相傳很久以前，有個村婦在武功河畔洗衣服，忽然聽見有清脆古怪而神秘的鐘聲從一塊巨石下面發出來。沒有人知道爲什麼會有一座古鐘收藏在石底下。村民便把它掘出來，置於荐福寺內，成爲「關中八景」的一部份了。

生命便存有這麼奇妙而神秘的發掘，埋在深處旣往的東西，居然能再脫然「出世界」。雁塔上「無時休」的烈風，請聽那晨鐘的唱和，它驚醒世人的夢幻。

空且靜

向來喜愛蘇東坡的四句詩：「欲令詩語妙，無厭空且靜；靜故了羣動，空故納萬境。」這是一個人通過心的虛靜，觀感四周的景物，體會出自然的律動，攝取其意而達致的境界。

在現代煩囂的都市裏，要達到「空且靜」的境界，難乎其難了。聲響的污染叫人震耳欲聾，俗世念多就更心不能靜。最絕妙的感覺，還是攀登泰山，但覺羣山默默，樹動無語。或者在美國與加拿大邊境的五湖區，一葉輕舟，茫茫在水中央，讓「空且靜」的感覺，如湖光水影，倒照心中。

有時，多麼嚮往天天晨曦，獨個兒步上尼泊爾的高地，看旭日靜靜地浮上地平線，讓每一線陽光隨同空靈納進心坎。也許，有人以爲寒冬時佇立在愛爾蘭的冰天雪地上苦不堪言，我則享受那些如傳統聖誕咭上繪的愛爾蘭鄉間小鎮那份安詳謐靜。雪落無聲，冰下枯葉了無啼痕。

如果愛上了意大利的聖馬可大廣場，就會發覺那些拜占庭式的古代建築物，和龍巴杜建築的鐘樓一樣，像一個個沉默的哲人，用古拙與胸襟靜思。鐘樓兩側的一對金屬人，默默牢記着時間的分秒，到了靜的頂點，亦卽靜的焦點，頃刻間揚起洪亮的鐘聲，驚起廣場鴿羣，正是「靜故了羣動」。成千上萬的飛撲鴿翅，像流雲蔽日。這是從靜處看自然的律動。

如果要說城市的靜，有詩語之妙，莫如威尼斯。整個城市像在水上升起，其實分別建在一百一十八個小島上，肅穆恬然，靠縱橫交錯的一百七十七條大小水道互通訊息，由四百多座橋樑毗連溝通。因爲全市軀體浸在水光之上，沒有汽車的噪音與廢氣，只有船首似鷁、舟身如龍、兩頭翹起的小木船靜靜淌過，載着一千三百多年的孤寂；斜暉之下，更覺淸幽，眞箇胸中滌去數斗塵埃。

洪自誠所謂「從靜處觀物動」，「混俗之中能脫俗」，便能如澹月映輕雲。人生噪音太多，生活奔波只有「停不了的動感」。現代人難得逍遙遊，「空故納萬境」；縱使有空，亦要不斷以物以慾塡塞。誰能營役終日之餘，姑且放下自在，像蘇東坡般有靜觀「廬山煙雨浙江潮」的情懷？

單純

我不敢說自己心無雜念妄念，可是這幾年來經歷了人生一些大變遷，却努力不懈，追求單純；深覺做一個人，實在很難達到單純的境地。

有時感到，單純不同於故作清高。人生於俗世，塵勞裹身，總不免要茹納些汚辱垢穢。社會愈文明進步，一切人際關係物際關係愈複雜；這個究竟不是王維的輞川世界。我們要討生活，養活一家大小，每天要應付不同人等，接觸經濟和環境很多大大小小問題，其實爲了基本生存需要，已絕不單純。人性中必有慾望，除了情之外，又處處難免爲物慾所縛，二者如絲纏繭囿，益覺複雜而煩惱。

現今，縱使是身邊事物，愈少愈好，愈清愈妙。有些人年長了，要求反更多；但是我情願學鄭板橋畫竹，去繁就簡。所有堆存無大用的書籍衣服雜物，全部送人或丟掉。因爲自問對於一切「物」，不論新舊貴賤，了無留戀；具有紀念性的，亦不例外。情在乎心，究竟不在物。物的堆砌，圍壓我們一生；人生不少東西，甚覺冗贅，「無始無明」；如果不自我覺醒，從物性中解脫，仍是觸物無所知，甚至不爲物役，卽爲物縛。

忽覺做人不妨進向一個單純的「零」，就是六祖慧能所指的無一物可減，無一物可增。到了這個境地，零與無限認同，比較接近單純。禪語中有所謂「不隔」和「當下」，就是從單純中自現；任何事情都沒有東西介於其間；對生命直接地作親切的感悟，而不是用一些外物堆纏的假象使生命更複雜化和機械化。

曹洞學者愛用一句話：「身心脫落，脫落身心。」兩個詞語的順序倒轉過來，却道出面對複雜繁瑣和汚染的人生時，存在變化的微妙。一個人太執着於外物，太多苛求，太大野心，就不免不知不覺間把自已汚染至不成形，永不滿足，亦永不接受現實。

我心中所追求的，却是百川俱流和彩雲飄湧時，青山不動，其單純的青綠依然。其實，就是慧能所指陳的「那不動的動者」！

墓碑與書

這次走到香港一座永遠墳場，和去年到和合石的感覺有點異樣；但同是一排一排墓碑，上面刻了一些陌生的名字，鐫了一些陌生的遺照。憑弔和瞻仰的人同樣疏疏落落；切花一束一束的擺放墳前，只代表了少數親朋的心意。很奇怪，一排一排的墓碑竟使我想起圖書館和書局裏一排一排的書，上面同樣印了一些陌生的或熟識的名字。我所指的不是那些流行小說武俠小說通俗讀物致富叢書等等，而是那些嚴肅的文學藝術書籍。它們擱在書架一角，冷冷清清，眞像墳場的墓碑，日常難得有人前去瞻仰與憑弔。它們埋藏了的靈魂，包羅的經驗，默默封閉，除了愛它們的人奉上一點心意，誰會瞥一眼？有些迷信的人，甚至怕見墓碑，怕去墓地，恐防見鬼！

這些富有眞感情、智慧、與思想的書，或許祇用來裝飾一些書架，好像墓碑裝飾着墳場的風景，使這些風景變成更似墳場。沒有碑石的地方不像個墳場，沒有這些書擺放的地方也不像個有文化的書架。有時，這類書只用來裝飾有些人的「智慧」「地位」，從沒有給人翻揭過。很重文化味，很意識流，很有詩意的書名，對有些人來說，僅相等於墓碑上髹金的堂皇顯赫的名字；在他們看來，裏面的埋藏也僅相等於墓前一束束切花。有些人掃墓不一定眞的愼終追遠，而不外怕引人非議，指斥他們並非孝子賢孫，竟然數典忘祖。

每次我揭開擱在書架一角蒙塵的好書時，好比揭開墓碑冰封着的墓門，讓自己走進去，接觸一個肉體逝去而實際上仍活生生存在的靈魂。不是清明的日子、不是重陽的日子時，我們都把這些豐富的靈魂忽略了，乾脆地用「忙碌」二字來解釋爲什麼平常看也不看一眼。

生前的煜和現今的姬都鼓勵我，寫些「批評的視覺」、「小說與神話」那類書；可是，寫了還不是日後同樣擱在書架一角，淒清地等候親人來憑弔？如果仍有親人拜祭，已算幸運。我祇想做個人，不做墓碑！

人如化石

最近重看小思「承教小記」中一篇題爲「化石」的短文。小思述及朋友從阿拉伯沙漠工地帶回來的幾枚化石，其中一枚平凡的海螺，使她想起它的佳處忽然天變了，地變了，所謂「滄海桑田」。貝壳原本特具的光澤，給砂石磨去，然後慢慢石化，現在只帶着鐵和石沉厚的顏色，變得如此古怪。「從此，人類把它從海產生物類除了名」！

我向來喜歡化石，自己也蒐集了一點兒，對於小思這段描寫和感受，特別覺得親切。滄海桑田，先別說什麼「歷史的糾結」和大地河山的懷想吧，個人在現代社會中的身份，大概亦屬一種「悲劇」。一些有生命力的人，何嘗不是逐漸給砂石磨去，好像在功利文明中給人除了名，再無人認可？

這當然不是無病呻吟。有時感到，個人的思想感情，又何嘗不是木化石，海螺化石？在化石學方面來說，就是「模鑄化石」或「印模化石」。

這個世界究竟什麼才是「生命體」的眞正定義？貝壳類生物的壳夠堅硬了吧，一旦隨着時間與個人的歷史變爲化石時，以爲自己的外貌能夠「完整」地保留在圍岩內，可是，作爲社會中「除了名」的「生物類」，仍會不斷被地下水溶解，留下一個沒法描述的空洞。日子久了，這個空洞給其他物體塡塞，外形相似，已不是原本的化石。本來已是軟體的生命，埋葬後很快腐敗消失，初時是泥沙塡塞空洞，繼而壳體也給溶掉。這叫做「社會的自然力量」！

細察之下，現代生活祇有塡充、腐蝕、磨損、溶解，原壳的內部構造完全消失，物質成份往往和原壳不相同了。人們却驕傲而得意地說：「鑄型成功，合乎標準！」你和我和其他每一個人，也可能祇是「平凡的海螺」；我們要存在，關心自己的生活，多於關心什麼歷史。縱使眞的滄海變桑田，只要能夠作爲一枚「平凡」的化石，倒也算有個外貌，有點紀錄。不過，有誰可以肯定，能夠保存「原本特具的光澤」？我們都「變得如此古怪」！

送機偶感

明明剛才還站在眼前，有說有笑的一個生命體，片刻之間，却隱失於無形無影之中。你明知她上了飛機，明知飛機飛到遠方，她只不過存在於另外一個不同的空間；可是，一切都像離開你而遠去，生命體便在眼前消失。

有時覺得，短短一生，所見的不是海市蜃樓，而你本身就是海市蜃樓。你以爲摟着生命的實體，但只在片刻之間，那實體好像在你手中緊握的細沙，輕輕從指縫間漏掉。

或者你以爲這算是虛無，甚至頹廢。可是，生命中依舊有很多東西，一聲不響地離你而去，使你連飛機的隆隆聲也聽不見。生命中依舊有很多形體，哼也不哼一句便消失，祇賸下一些似屬隔宿的感情，揮之不去。你和我和大家一樣，似是活生生的人，生活裏沒什麼可誇；有時像塊招牌，有時像口螺絲釘，有時什麼也不像；但同樣沒辦法幹任何扭轉乾坤的事。比如，你沒辦法使無聲無息消失的東西，重現世上。比如，你明知遠去的她，三十九天後便會飛回來，但同樣不能把她遠去的影子拉近一點兒。

你根本上沒擁有什麼，而是一無所有，你以為揮之已去的隔宿感情，似殭存而蚋仍集。難怪古人說，君子不能滅情，惟事平情而已。

但片刻之間在眼前遠去而消失的生命體，叫人悵然茫然，那種感覺歷久不散。朋友安慰你說：眞實的形體長存心中，又豈在朝朝暮暮。朋友一番好意，可是和古人說「雲煙影裏見眞身」，同屬欺人誑語。你說，波音七四七直插雲霄，轉眼間，機身的影兒也沒入高空煙影裏，何以還能見眞身？或許，祇有感覺是眞的。你僅能在雲堆下仰望。

人有時要靠仰望而活，像也斯的詩句所說：「即使白雲美麗你也不能住在裏面。」你偏偏仍要把白雲携在心中，摟在懷裏，用一點兒冷涼濕氣，挽住茫然悵然不知不覺慢慢下沉的心。

你對消失的感覺特別敏銳，因你深愛着她。

碎片片

小時候教師和父母教導我們，應該學曉保存和檢拾自己的東西，不要胡亂弄碎，丟到一二角落，或者撒滿一地。這種習慣，孩子並不容易養成；有一次和朋友說笑，指這是人的劣根性之一。人到底不肯事事自負其責。

長大後看「打字員」一劇，發覺人生有很多期望與理想，亦不外像一張一張打錯了的資料咭或千篇一律的公函，皺捏成一團，丟到垃圾桶或廢紙箱中；又或者，恐怕別人知道錯了，而暗地裏撕成片片碎，塞進自己發霉的口袋裏。

有些人的感情、精神、意志，同樣撕至片片碎，求適應這個「斬件式」的社會；有時，爲求生存，寧願把自己野馬分屍，化整爲零。這種「紙碎式」的意識一旦泛濫，人會同時不大着重對人生整體的責任。

不少事情、不少東西，甚至包括其他個體，也不再理會什麼本質價值，可以隨便胡亂丟棄，甚至恣意而爲。人的臉，人的自尊，做人的原則等等，能夠毫不保留，要破便破，像一件一件孩子的玩具，或塗鴉的拍紙部；眞教人側目，有時瞠目結舌也來不及。

現代人的一生倒有點像碎片，日常生活在稀爛當中，懵然不覺；好像一件本來完整的瓷器，若不再珍惜，不再重視，由裂而碎，撒滿一地，也懶得慢慢檢拾和併湊，頂多讓人掃除。

記得以前寫了個小寓言，指人爲了安於其位，不惜向鬼異神靈乞憐。鬼神要一塊一塊割下人的面目，人甘之如飴，任由自己面目之碎片踐於脚板下，或給踢來踢去。我們大抵上習慣了這等玩意，不加抗拒；反而樂於有藉口，大可換上更多面具，不惜挖肉補瘡，拉一層橡皮取而代之；一任自己血肉模糊的碎塊七零八落，亂踢亂踏，不以爲忤。有誰這麼傻，再花「寶貴」的時間，找回失落了的面目，或檢起來修補修補呢？

什麼是本來的完整，我們不再知道，也不去計較！

熱鬧之後

一個人，是否需要觀衆？以前這個問題在她的腦袋裏，其實並不存在。當初她祇想成名，想着觀衆張開千千萬萬對眼睛注視。一個人，不給世俗社會認可，是否本身生命即失去光采與意義？

從前自己也幻想當一名騎師，紅透半邊天，好像樂趣不光是金錢方面而已，而是那份熱鬧。衝過終點線、闖進凱旋門的時候，馬迷發出歡呼聲、狂叫聲，一種成功感，一種普遍的認可，一種自傲。後來睜開眼睛看現實，人生原來贏的時候少、輸的時候多。熱鬧與喝采僅僅是一剎那，況且也不是場場光輝都屬於自己的。試過好幾次，馬場散後，我一個人，留在票尾滿地的凌亂看臺上，一個人，再看不見什麼奔馳、爭先、超越、衝刺，祇覺渾身疲憊、落寞，眼前的草地才是比較上恒久的眞實。啼聲噓聲喝采聲過後，究竟還留下一些什麼？

大概她初時不大明白這個「道理」；不，生命根本上全沒道理！她努力掙扎，拼命爬上舞臺，幹自己不願意幹的事，接受別人無理的詆譭與排擠。因爲，不但她一個人要飛騰上舞臺，還有很多很多人渴望着。舞臺的空間有限，大家你推我擠，你拉我扯。他們不曉得，舞臺不是額非爾士峯。縱然是，眞正爬上峯頂時，祇有孤冷，也沒有多少人可以看見。他們的生存，不外爲了給人看見，給多些更多些人看見自己的裝扮、堆砌出來的形象，包裝妥當的但給過量化粧品扭曲的臉孔。

觀衆多就是熱鬧，生命加添了其實無關痛癢的分數，這些分數可以隨時抹去，猶如馬場電算機上顯示的賠率，並不代表什麼。眞的，數目字的價值並不是什麼，但現代人視爲神靈和標準。舞臺上下的熱鬧，與馬場的熱鬧，在某一程度、某一層面而言，完全相等。舞臺上，掌聲包裹着她，她看不見自己；一切祇懂說：謝謝捧場。什麼也可以解釋爲身不由己。可惜，一個人，不可能永遠站在臺上，一場賽馬必有完結的時候。

世界沒有安全，人生難言永久，總有步下臺後的更大孤寂。

愛滋病狂想曲

他倚在床上，感覺十分悃倦，一動也不想動，眼皮愈來愈重，但是仍勉強撑開來，看着一張本港舊報紙的新聞。唉，又發現了第二宗愛滋病；病人迷迷糊糊，沒有藥物可以救治，等候死神降臨。醫務處打算派人到外國，學習怎樣處理愛滋病病人。其實大家對這種病所知的很少；它像謎宮中半牛半神的怪物，沒人能解開這個謎，走出謎宮。

他覺得自己也混身發熱，無法支持自己；向來的堅執都徒然，他祇能躺下來，顯得軟弱無力。患上愛滋病，就失去一切抗病能力，體內再沒有足夠的抗體。什麼對人體有害的病菌也乘虛而入。

他不知什麼緣故感到自己精神生活上亦患了和愛滋病大同小異的惡疾。他的意志逐漸失去抗體，物慾的葡萄球菌，虛榮的鏈菌，紛紛侵擾。他眞的覺得利令智昏，衝不脫四周湧來的巨大壓力。血管在擴張，嚴重欠缺血色素。他的精神面貌一片蒼白，血色素低於五度，已到達危險邊緣。精神失血過多。醫生說，低於五度血色素便要接受輸血，才能維持生命。他明知自己的紅血球少得可憐；可是，聖經上說不能把他人身體的血液灌輸到自己身上。

他身處電腦化企業化的物質豐盛文明中，被逼換血。他自己新鮮殷紅的紅血球受破壞，缺乏血小板，缺乏抗體。這麼多年違背良心不擇手段去拼命賺錢的生活，使他精神的血管淤塞，血色也變成很「瘀」了。

他本來具有足夠却病的抗體，不願接受外來對身體細胞有害的東西。現在，肉隨砧板上，對一切也失去抗拒能力，任細菌宰吃。

他忽然意識到病源可能來自日常自己對生命的卑劣態度。他為了貪圖一時享受，為了酬勞，甘願躺下來反常地受同性凌辱。經文上說這是違反天道與本然的東西。人要生活得好却分分秒秒在鑄造罪孽。而這類變態畸行，成為愛滋病傳染的介體。

精神無抵抗力的變異人種，蒼白時輸血多少也無濟於事，可能還會傳入更多愛滋病病菌哩！

信用咭

我從來沒有信用咭。朋友們覺得奇怪，指我跟不上潮流。

我常說笑：是否顧名思義，有了咭就等於有信用？有人煞有介事，果眞相信電視廣告，咸以爲乃「身分象徵」！這也難怪，「身分」二字，此時此地，特別敏感。更何況追求「特殊身分」，久已成爲普天下「主流意識」之一！

有一回，一位老闆用慣性語氣問我：「你以何等身分向我說這些話？」這個世界，有「身分」才有權說話嗎？沒「身分」便沒說話的自由嗎？什麼是有「身分」？不外有財有權有地位和多人「認可」而已。人們就是傾慕這些！爲什麼職位低微、平凡或貧窮，在這個拜金主義的社會中便沒有「身分」？

也許有人說：其實有什麼大的了不起，何必這麼動氣，小題大做？信用咭的始源，可能眞的要替現代人帶來「方便」，亦同時避免被刦、被竊、不小心丢失、或「謾藏誨盜」的危險。但無可否認，也帶來了一些不良影響。

有一天，在餐廳中，一羣小孩子不約而同，很天眞的說：「任意吃多麼貴的東西也不打緊，因爲不必付款！」語氣恍似說笑，其實往深一層想，是危險的警號。文明進步帶來的「方便」，却逐漸使下一代喪失對一些價值標準的適當衡量，誤以爲不必擔心花不起，銀行戶口有的是錢，而不知或忘掉了「來處不易」。由於不必立即付款，不用拿大叠鈔票出來付給人那麼「肉刺」，一方面變成「洒脫」，慢慢揮霍無度，不大重視錢的來源；另一方面，更由於一咭在手，什麼想擁有或想享受的物質，垂手可得；於是「濶綽」程度可能較諸紈袴子弟爲甚。

人性很奇怪，物質上太容易獲得，而不是分分秒秒計算口袋裏所餘下的錢時，物慾會愈來愈熾烈，不但失預算，而且逐漸忘掉節約簡樸；當更難節制自己而更虛榮時，不但每月用錢更多，以致了無儲蓄、入不敷支；尋且易放難收，由奢入儉難一般，一發不可收拾，習慣「先用未來錢」，和以前「極其量花盡袋中錢」的心理顯然有別。所以，我自己寧願做個「落伍」的人了。

計算機·電腦

那天無意間逛至一間日本百貨公司的文具部，買了一疊稿紙和一枝筆，走到櫃面結數，稿紙的價錢標貼是五元，筆是三元。這麼簡單的加數，相信任何一位小學生也懂得算吧！

女售貨員旁邊沒有收銀機，但是她不假思索，拿出一個袖珍式計算機來，按了幾按鈕，搔搔頭，發覺好像不對勁，按錯了，於是再按一次，仍然對自己沒有信心。我終於按捺不住，開腔說：「小姐，五元加三元，不是八元嗎？」她顯得很不高興，忘了我是顧客似的，鼓起雙腮：「計算機計出來的，不是更準確可靠嗎？」我凝視她手裏的計算機，不免一愣，感到「吾欲無言」。

幾年前，有位朋友爲了清繳一筆到期的款項，急忙在到期日前兩天，把款項如數存入戶口，然後寫支票寄給受票人。怎料兩天後接到退票，給對方怪責，說他銀行存款根本上不足。朋友氣至暴跳如雷，急忙找銀行方面理論。有關方面的小主任與大職員，異口同聲，說「我們是用電腦入數的，電腦既然這麼呈示數字，準不會有絲毫差錯。」

朋友當然要根查，甚至想找律師；但下午接到銀行方面的道歉電話，說職員一時弄錯了，致使那筆帳目遲了撥進戶口，現今可以支付云云。朋友雖然很氣，但見沒有什麼損失，也就了事。

另有一回亦很「滑稽」，一位親戚向來在一間相熟的機構簽單光顧，每月才結算一次。最近一次，他清清楚楚用掛號郵政，寄了支票去，機構的職員老是說他還沒結帳，接二連三發信及搖電話催促，理由是根據電腦記憶系統及機器計算，「一定沒有錯」！最後弄成怎樣則不得而知，可能數目小，大家也視作「小事而已」！

這幾件事使我不禁有點悲從中來。現代人再不肯運用自己的思維和信賴個人獨立的思想。各人以爲不懂心算，不算是什麼一回事，反而向電腦機器等質疑就是大笑話，是唐吉訶德式的傻子。

人再不相信人，祇盲目相信由人創造出來和由人按鈕的機械。人的腦活動將來必會退化，甚至陷於僵化停止的階段。可能終極是感情也變了計算機，人的判斷與操作全假借電腦線路。

現代人的趨向，是竭力把自己也變成機械複製人！

形象

人，總愛維繫自己在大衆面前的形象。很多人心目中，自己在這個社會裏的形象是身分與成功的象徵。縱使是朋友，一旦破壞了這個經過多年辛苦製造出來的形象，必會反目相向，認爲是一種最大損害。

不少現世形象，是裝作出來的扮相，總高興別人歌功頌德，大加表揚，所謂「受讚不受彈」，盡量不給人看見厚厚粉底下的瘡疤，故意裝出一副漂亮臉孔，只要人家看見才華橫溢和光采的一面。假使有個率眞小孩，毫無顧忌，無意中說出實話，則罪大惡極，非動斧鉞斬之而不肯罷休。其實稚子無辜！

等於有個童話故事，女巫化裝假扮公主，一切掩飾天衣無縫，面具也是人皮人肉造的，足以亂眞。可是，有個路邊小孩，拖着兩道鼻涕，看見女巫的公主裙露出的醜脚毛和皺皮膚，哇然一聲大叫，指其僞裝。本來童言無忌，說的一切盡是眞話，但人人却祇盲目相信那個很懂得維持公主形象的巫婆所說的一言一語，反誤信是無知頑童在說謊和想乘機攀附公主的盛名。

這個世界很多人不大分青紅皂白，每每以眞爲假，以假作眞。那個懂得極力保護自己和拼命維持形象的人，便爲他人所相信與景仰。沒有人理會其實質。現今社會是屬於虛象至上的。無人會深究那些已建立了形象的人是否口是心非，所公然承認與否認的說話到底有幾分眞？現代不少人的可憐處，乃篤信社會中豎立高高的形象，以他們的一言一語爲眞理。舉凡有什麼東西對於這個形象不利的，會口誅筆伐，或乾脆否認得一乾二淨。

建立了形象的「巫婆公主」口兒大，說來漂亮，振振有辭，純眞的小孩口兒小，沒地位。縱然戴面具披彩衣的人，落落大方說「什麼都不介意」，裝作民主狀，其實心胸狹隘，受不了半句眞話，不能面對自己的眞面目。因爲眞話會拉倒旣往的崇高形象，使自己面目無光。

有時，覺得形象如一頭雌豹，碰不得，更捧不得。你以爲是頭馴馴的大貓，線條優雅麼？面目猙獰起來，會突然一個轉身，反噬你一口，不會拿其形象跟你玩。那時，自己祇落得一個慘淡收場，有誰可憐呢？

香港人重視什麼？

有時，打開報紙，很強烈覺察這個社會推行的是什麼潮流，香港大多數人心目中所重視的是什麼。雖然，不是每一張報紙皆如是，但我們細心想想，目下人們須要的是什麼，是否所有人對於潮流與時尚都醉心？

社會風氣，社會意識，很多方面互爲因果。社會人士傾慕名氣麼？傳媒就用名氣向他們推銷。眞的，這是事實，有時祇是一版一頁的處理，也能夠看出究竟我們所生活的社會是什麼一回事。一篇文章放的位置輕重，也可看出大部分人的價值標準，從那一個角度權衡，大家用什麼觀點看人看事情。高官麼，名流麼，永遠佔着這個社會重要的位置。

他們是權力、財富、「成功」，經濟等等象徵，所以例必錦上添花。他們的化粧舞會，廳堂裝修與擺設，也很重要，「理所當然」是大多數人所矚目的對象，當然應放在顯眼的位置；因爲他們對這個社會，着實有很大的「影響」。

財富、名位、權力，在文明國度的每一個角落，都成爲「成功」的象徵，也成爲上一代敎下一代畢生追求的目標，視爲「値得崇敬」的典範。不對勁的地方並非人望高處或名成利就是滔天罪過；祇不過，這些雖然是某些人樂於追求的目標，但不是唯一的目標。我們要下一代的「理想」僅僅是這些，不免叫人悲從中來。

高官、名流、富豪、永遠在這社會中都是「頭條人物」。藝術家麼？文學家麼？默默助人的工作者麼？捐腎的人麼？好心腸的司機麼？出錢出力對患癌病者與家屬作心理輔導的無名氏麼……一律靠邊站，縮到不顯眼的一角。有人冒大不韙，極力爭取，使這些人仍能佔一席位，已遠勝於隻字不提，置若罔聞。

有時，不但深思，同時痛心，我們的社會祇表揚的是什麼？取捨與權衡時，也不知不覺，充分表現了一種勢利眼、白鴿眼，這些意識、立場、角度，其實都是偏向的，給下一代的影響很大。但我們都默不噤聲，表示認同，覺得「沒有什麼不妥」！

尊嚴

偶然讀到馬思聰引述艾青的幾句詩：「這裏的山沒有樹，這裏的河流沒有水，這裏的人沒有眼淚。」爲什麼沒有眼淚？因爲哭乾了？淚向肚中流？欲哭而無淚？爲什麼會這樣子？因爲生活痛苦、失去了自由、感到不快樂？

人失掉自由，就同時失掉作爲一個人的尊嚴。人總愛用主義用制度來剝奪另外一些人的基本尊嚴。每次我瞪視實驗室內籠中的白老鼠時，便覺得這卑微小生命的尊嚴給踐踏，牠們祇能夠在小轉輪上做戲讓人家看，爲了保存自己而被人玩弄。這種存在，了無意義。

縱然是夫妻吧，也該互相尊重對方的基本自由。任何一方，都有自己選擇朋友的自由，找尋興趣與嗜好的自由，安排時間和說話等等的自由。任何一方，也不該雕成一個一個籠子，畫出一個一個方框，把對方囚在裏面。

有些做太太的，把丈夫臉皮扯了下來；什麼也疑神疑鬼，無理取鬧，砸杯子、擲玻璃窗，就是把丈夫的尊嚴放在脚板底下。同理，有些做丈夫的，頤指氣使，諸多限制和挑剔，把太太當作女傭或附屬品，也不外等於把伴侶當作小白鼠而已。

黃永玉在「力求嚴肅認眞思考的札記」中，曾畫了一隻破鞋，旁邊註釋說：「幾乎跟婚姻一樣神秘，舒不舒服，只有脚趾頭知道。讓別人看見脚趾頭時，那鞋也該換了。」語甚幽默，一針見血。露出脚趾頭的婚姻，試問還有什麼尊嚴可言呢？尊嚴雖然不是一種裝扮和門面的虛飾，而是對人性與個性一種基本的尊重。最親的人，也不能泯滅這種基本的尊重，否則就和一些在主義與制度下失去自由的人一般無異，變成山沒有樹，河流沒有水。而一些酷愛自由的人，也往往爲了保存一點兒做人的尊嚴，不斷釀製無數文明中的悲劇。

思想家謝定華說：「一個人脫光了就沒有尊嚴。人之所以和其他動物不同，就是因爲有一件衣服。」不要以爲衣服用來遮羞，還可以使一個人的生存端莊起來。一頭白老鼠和一個人最大的分別，可能在此！

瞞天過海

我拿起這隻香蕉，蕉皮鮮黃，散發一種特異的吸引力，想像裏面的蕉肉多麼甘香。我喜歡香蕉的香味，每每垂涎三尺。可是，擺出一副欣賞的神情，剝開蕉皮時，立刻有一種「被騙」的感覺。因爲中間部分，黑腐了一大塊。攤檔小販可眞取巧，分明知道這隻香蕉的皮外黑陷了下去，很難以市價售出，於是把「牌子」的貼紙從別處掀下來，對準這個爛的位置貼上去，作爲掩飾，企圖瞞天過海。

以前試過有一次，我在街旁一個攤子買了幾件精棉襯衣。熟朋友都知道我生平最喜歡穿質地幼滑的棉質便服。這幾件襯衣設計不錯，據稱是一流的出口貨。可是，我撕開了緊貼在襯衣不同位置的牌子膠貼，不禁「怒從心上起」，因爲每一塊膠貼，原來都貼着一個破了的洞，有些好像給蟲咬過，有些像給機器軋壞。由於每一件皆如此，當然不是「偶然」，很明顯，全屬「次貨」。我拿着襯衣回去換，擺攤子的已不知去向。

有時想起來眞氣。損失金錢事小，但那種「被騙」的感覺可不好受。這個社會以商業爲重，有時觀微知著，以小喻大。現代有些人的討活方法和維生態度，就是立足不誠。

記起少年時遇見一位挑擔子賣水果的阿伯，如果給他看見任何一個水果有黑點或開始爛的跡象，一定細心挑出來，掉進廢紙箱內。他說：「寧願虧老本，也不想冒險吃壞人家肚子。賺少幾個錢不要緊，果眞有細菌害了人家，倒會一生不安心。瞞騙勾當我可不幹！」現今這種性格的阿伯，似乎愈來愈少。

這是一個以包裝漂亮、以外象炫人、但求蒙混過關的世界。其實，誠誠實實做小生意，問心無愧，何嘗不可以立足而求得溫飽？

上週偶爾看見一位朋友的兒子，把雜誌廣告那個殭屍彎出來的獠牙用筆塗黑了。其父問他爲什麼這樣幹，他笑嘻嘻說：「這樣便可以掩飾他的吮血獠牙，教人看不見他的眞面目，不知道他是殭屍了。」我騰地恍然大悟，這是個什麼樣式的文明世界！

浪費

香港新的一代，輒使人感到享受太豐饒了。有時細揣，究竟是上一代過於寵溺的過錯？還是文明物質繁榮下的必然結果？他們大多數吃要吃最好的，穿要穿最流行的；稍覺不好吃或吃剩了的佳肴，毫不「吝嗇」地丟掉，新衣穿了幾次毫無褪色與破舊的跡象，便打進冷宮或棄如敝屣。

小伙子，小女孩，香港雖然進步繁榮沒饑荒，可是，你們可知道和可體會到生活的艱難麼？那不是吝不吝嗇，瀟不瀟洒的問題。大家懂不懂得珍惜呢？

幾年前，國內剛開放，妹妹跑到青海一些地方，有不少居民每天祇能吃兩成飽，有時吃的像是豬糠之類的東西，難以下嚥，可是同樣要充饑裹腹。先別說落後與貧瘠，我們曾否體悟到世界上很多人，很多同胞刻刻在受苦，而我們却像紈袴子弟，胡亂揮霍和浪費。我們也同是人，並沒劃分誰高誰一等。

妹妹的一位青年朋友，以前不懂珍惜一粒米；幾年前，一夥兒到黃山。那兒的扛夫，從山腳挑一袋袋粗米，跑過迂廻山路，崎嶇難行，好遙遠、好高啊，花了好幾個鐘頭才到達。那時沒有車子運輸上山，更莫說什麼新式吊車了。

大家看見扛夫們赤身的厚背，因扁擔不斷的來回磨擦，擦破皮肉，堅韌黑實的皮膚涔涔滲血，大塊皮刮掉。自此，那位朋友不敢再說吃不下那些粗飯，不敢再說小豆兒乾豆腐不好味道。回港後，她每一餐也把碗內每粒飯吃清光，每一根魚骨也舐得乾乾淨淨。

如果你到過尼泊爾，看到以下的景象，也會心酸：朋友把吃剩放在膠盒內而發了酵的少量食物，掉到野外地上，尾隨的當地兒童立即爭至頭崩額裂，爭到手的，珍之重之，抹去黏滿的沙泥，塞進口袋，說留給家中永遠吃不飽的爸媽。而我們做爸媽的，盡量給予孩子最好的溫飽享受，孩子不一定懂得那番心意，可能還以爲「一切都是應該的」。

想越埃塞俄比亞的居民，在沙漠裏淘穀粒，粗沙混在麵包屑中塞進嘴裏；我們的繁榮文明又帶來了什麼？

陡長的梯級

昨天下午在九龍醫院的斜坡入口處附近，又看見那個參扶拐杖的駝子，一步一步走近那道陡長的梯級。他，一個人，不知從那個彎角拐過來，吃力地把右邊的拐杖，放到左手那邊挾着，右手緊緊握住扶手，蠻費勁地提起一條廢了的腿子，踏上第一級；然後，利用兩根拐杖把一邊身體撐起，使另一條腿子也踏上去，顫巍巍，搖搖欲墜；身體再俯前，才挪動兩根拐杖到第一級。

他沒有絲毫懊惱或頹喪，也沒有放棄的念頭，晃擺的殘缺矮曲身體顯得那麼堅定。每一級石階，他以大同小異的動作攀援而上，異常艱苦吃力。我不敢想像，他怎麼可以靠自己攀上這麼多層梯級，我沒有細數，陡斜的梯級縱使不到一百之數，也有幾十。他何來這種堅毅？爲什麼他不乘坐計程汽車上去，不是省時省力麼？沒有錢？爲了省車資？還是他在試練着人生艱苦的攀登過程？

上週末我第一次看見他掙扎了好幾級，忍不住跑過去，說願意用停在附近的車子送他上去。他笑笑，搖搖頭，表示感謝我的關心。我說幫幫他忙，扶他上這些梯級；他同樣笑笑，搖搖頭，眼神中顯出這道陡長的梯級，必須要自己獨力應付，不倚靠他人。我明白，他不是怕人憐憫或不肯接受他人的好意，而是他要自己接受磨練與挑戰，發出內心的力量。

我知道他不是第一次或第二次獨力走這道梯級，可能每週也要走，習以爲常；祇是我們陌生的局外人沒法可以想像，他究竟每次要花多少時間，消耗多少氣力，才可以步至最頂的一級？他「陟彼高岡」的精神可嘉，但是，他又怎麼樣再步下這些陡長的梯級離開呢？

我不曉得他爲什麼經常要獨力到小丘上的醫院去，是爲了定期接受物理治療？覆診？探朋友？我有一種說不出的感覺，午夜夢廻，驀地看見自己和每個人一樣，面前也有一道陡長的梯級。我們何嘗不殘缺？何嘗不是挾扶拐杖，每一步皆踏着艱苦？這就是生活啊！

滄海叢刊已刊行書目(八)

書名	作者	類別
文學欣賞的靈魂	劉述先	西洋文學
西洋兒童文學史	葉詠琍	西洋文學
現代藝術哲學	孫旗譯	藝術
音樂人生	黃友棣	音樂
音樂與我	趙琴	音樂
音樂伴我遊	趙琴	音樂
爐邊閒話	李抱忱	音樂
琴臺碎語	黃友棣	音樂
音樂隨筆	趙琴	音樂
樂林蓽露	黃友棣	音樂
樂谷鳴泉	黃友棣	音樂
樂韻飄香	黃友棣	音樂
樂圃長春	黃友棣	音樂
色彩基礎	何耀宗	美術
水彩技巧與創作	劉其偉	美術
繪畫隨筆	陳景容	美術
素描的技法	陳景容	美術
人體工學與安全	劉其偉	美術
立體造形基本設計	張長傑	美術
工藝材料	李鈞棫	美術
石膏工藝	李鈞棫	美術
裝飾工藝	張長傑	美術
都市計劃概論	王紀鯤	建築
建築設計方法	陳政雄	建築
建築基本畫	陳榮美、楊麗黛	建築
建築鋼屋架結構設計	王萬雄	建築
中國的建築藝術	張紹載	建築
室內環境設計	李琬琬	建築
現代工藝概論	張長傑	雕刻
藤竹工	張長傑	雕刻
戲劇藝術之發展及其原理	趙如琳譯	戲劇
戲劇編寫法	方寸	戲劇
時代的經驗	汪琪、彭家發	新聞
大衆傳播的挑戰	石永貴	新聞
書法與心理	高尚仁	心理

滄海叢刊已刊行書目(七)

書名	作者	類別
印度文學歷代名著選(上)(下)	糜文開編譯	文學
寒山子研究	陳慧劍	文學
魯迅這個人	劉心皇	文學
孟學的現代意義	王支洪	文學
比較詩學	葉維廉	比較文學
結構主義與中國文學	周英雄	比較文學
主題學研究論文集	陳鵬翔主編	比較文學
中國小說比較研究	侯健	比較文學
現象學與文學批評	鄭樹森編	比較文學
記號詩學	古添洪	比較文學
中美文學因緣	鄭樹森編	比較文學
文學因緣	鄭樹森	比較文學
比較文學理論與實踐	張漢良	比較文學
韓非子析論	謝雲飛	中國文學
陶淵明評論	李辰冬	中國文學
中國文學論叢	錢穆	中國文學
文學新論	李辰冬	中國文學
離騷九歌九章淺釋	繆天華	中國文學
苕華詞與人間詞話述評	王宗樂	中國文學
杜甫作品繫年	李辰冬	中國文學
元曲六大家	應裕康 王忠林	中國文學
詩經研讀指導	裴普賢	中國文學
迦陵談詩二集	葉嘉瑩	中國文學
莊子及其文學	黃錦鋐	中國文學
歐陽修詩本義研究	裴普賢	中國文學
清真詞研究	王支洪	中國文學
宋儒風範	董金裕	中國文學
紅樓夢的文學價值	羅盤	中國文學
四說論叢	羅盤	中國文學
中國文學鑑賞舉隅	黃慶萱 許家鸞	中國文學
牛李黨爭與唐代文學	傅錫壬	中國文學
增訂江皋集	吳俊升	中國文學
浮士德研究	李辰冬譯	西洋文學
蘇忍尼辛選集	劉安雲譯	西洋文學

滄海叢刊已刊行書目(六)

書名	作者	類別
卡薩爾斯之琴	葉石濤	文學
青囊夜燈	許振江	文學
我永遠年輕	唐文標	文學
分析文學	陳啓佑	文學
思想起	陌上塵	文學
心酸記	李喬	文學
離訣	林蒼鬱	文學
孤獨園	林蒼鬱	文學
托塔少年	林文欽編	文學
北美情逅	卜貴美	文學
女兵自傳	謝冰瑩	文學
抗戰日記	謝冰瑩	文學
我在日本	謝冰瑩	文學
給青年朋友的信(上)(下)	謝冰瑩	文學
冰瑩書柬	謝冰瑩	文學
孤寂中的廻響	洛夫	文學
火天使	趙衛民	文學
無塵的鏡子	張默	文學
大漢心聲	張起鈞	文學
回首叫雲飛起	羊令野	文學
康莊有待	向陽	文學
情愛與文學	周伯乃	文學
湍流偶拾	繆天華	文學
文學之旅	蕭傳文	文學
鼓瑟集	幼柏	文學
種子落地	葉海煙	文學
文學邊緣	周玉山	文學
大陸文藝新探	周玉山	文學
累廬聲氣集	姜超嶽	文學
實用文纂	姜超嶽	文學
林下生涯	姜超嶽	文學
材與不材之間	王邦雄	文學
人生小語(一)(二)	何秀煌	文學
兒童文學	葉詠琍	文學

滄海叢刊已刊行書目㈤

書名	作者	類別
中西文學關係研究	王潤華	文學
文開隨筆	糜文開	文學
知識之劍	陳鼎環	文學
野草詞	韋瀚章	文學
李韶歌詞集	李韶	文學
石頭的研究	戴天	文學
留不住的航渡	葉維廉	文學
三十年詩	葉維廉	文學
現代散文欣賞	鄭明娳	文學
現代文學評論	亞菁	文學
三十年代作家論	姜穆	文學
當代臺灣作家論	何欣	文學
藍天白雲集	梁容若	文學
見賢集	鄭彥棻	文學
思齊集	鄭彥棻	文學
寫作是藝術	張秀亞	文學
孟武自選文集	薩孟武	文學
小說創作論	羅盤	文學
細讀現代小說	張素貞	文學
往日旋律	幼柏	文學
城市筆記	巴斯	文學
歐羅巴的蘆笛	葉維廉	文學
一個中國的海	葉維廉	文學
山外有山	李英豪	文學
現實的探索	陳銘磻編	文學
金排附	鍾延豪	文學
放鷹	吳錦發	文學
黃巢殺人八百萬	宋澤萊	文學
燈下燈	蕭蕭	文學
陽關千唱	陳煌	文學
種籽	向陽	文學
泥土的香味	彭瑞金	文學
無緣廟	陳艷秋	文學
鄉事	林清玄	文學
余忠雄的春天	鍾鐵民	文學
吳煦斌小說集	吳煦斌	文學

滄海叢刊已刊行書目㈣

書名	作者	類別
歷史圈外	朱桂	歷史
中國人的故事	夏雨人	歷史
老臺灣	陳冠學	歷史
古史地理論叢	錢穆	歷史
秦漢史	錢穆	歷史
秦漢史論稿	刑義田	歷史
我這半生	毛振翔	歷史
三生有幸	吳相湘	傳記
弘一大師傳	陳慧劍	傳記
蘇曼殊大師新傳	劉心皇	傳記
當代佛門人物	陳慧劍	傳記
孤兒心影錄	張國柱	傳記
精忠岳飛傳	李安	傳記
八十憶雙親 師友雜憶 合刊	錢穆	傳記
困勉強狷八十年	陶百川	傳記
中國歷史精神	錢穆	史學
國史新論	錢穆	史學
與西方史家論中國史學	杜維運	史學
清代史學與史家	杜維運	史學
中國文字學	潘重規	語言
中國聲韻學	潘重規 陳紹棠	語言
文學與音律	謝雲飛	語言
還鄉夢的幻滅	賴景瑚	文學
葫蘆・再見	鄭明娳	文學
大地之歌	大地詩社	文學
青春	葉蟬貞	文學
比較文學的墾拓在臺灣	古添洪 陳慧樺 主編	文學
從比較神話到文學	古添洪 陳慧樺	文學
解構批評論集	廖炳惠	文學
牧場的情思	張媛媛	文學
萍踪憶語	賴景瑚	文學
讀書與生活	琦君	文學

滄海叢刊已刊行書目(三)

書名	作者	類別
不疑不懼	王洪鈞	教育
文化與教育	錢穆	教育
教育叢談	上官業佑	教育
印度文化十八篇	糜文開	社會
中華文化十二講	錢穆	社會
清代科舉	劉兆璸	社會
世界局勢與中國文化	錢穆	社會
國家論	薩孟武譯	社會
紅樓夢與中國舊家庭	薩孟武	社會
社會學與中國研究	蔡文輝	社會
我國社會的變遷與發展	朱岑樓主編	社會
開放的多元社會	楊國樞	社會
社會、文化和知識份子	葉啓政	社會
臺灣與美國社會問題	蔡文輝 蕭新煌 主編	社會
日本社會的結構	福武直 著 王世雄 譯	社會
三十年來我國人文及社會科學之回顧與展望		社會
財經文存	王作榮	經濟
財經時論	楊道淮	經濟
中國歷代政治得失	錢穆	政治
周禮的政治思想	周世輔 周文湘	政治
儒家政論衍義	薩孟武	政治
先秦政治思想史	梁啓超原著 賈馥茗標點	政治
當代中國與民主	周陽山	政治
中國現代軍事史	劉馥 著 梅寅生 譯	軍事
憲法論集	林紀東	法律
憲法論叢	鄭彥棻	法律
師友風義	鄭彥棻	歷史
黃帝	錢穆	歷史
歷史與人物	吳相湘	歷史
歷史與文化論叢	錢穆	歷史

滄海叢刊已刊行書目(二)

書名	作者	類別
語言哲學	劉福增	哲學
邏輯與設基法	劉福增	哲學
知識・邏輯・科學哲學	林正弘	哲學
中國管理哲學	曾仕强	哲學
老子的哲學	王邦雄	中國哲學
孔學漫談	余家菊	中國哲學
中庸誠的哲學	吳怡	中國哲學
哲學演講錄	吳怡	中國哲學
墨家的哲學方法	鐘友聯	中國哲學
韓非子的哲學	王邦雄	中國哲學
墨家哲學	蔡仁厚	中國哲學
知識、理性與生命	孫寶琛	中國哲學
逍遥的莊子	吳怡	中國哲學
中國哲學的生命和方法	吳怡	中國哲學
儒家與現代中國	韋政通	中國哲學
希臘哲學趣談	鄔昆如	西洋哲學
中世哲學趣談	鄔昆如	西洋哲學
近代哲學趣談	鄔昆如	西洋哲學
現代哲學趣談	鄔昆如	西洋哲學
現代哲學述評(一)	傅佩榮譯	西洋哲學
懷海德哲學	楊士毅	西洋哲學
思想的貧困	韋政通	思想
不以規矩不能成方圓	劉君燦	思想
佛學研究	周中一	佛學
佛學論著	周中一	佛學
現代佛學原理	鄭金德	佛學
禪話	周中一	佛學
天人之際	李杏邨	佛學
公案禪語	吳怡	佛學
佛教思想新論	楊惠南	佛學
禪學講話	芝峯法師譯	佛學
圓滿生命的實現(布施波羅蜜)	陳柏達	佛學
絶對與圓融	霍韜晦	佛學
佛學研究指南	關世謙譯	佛學
當代學人談佛教	楊惠南編	佛學

滄海叢刊已刊行書目(一)

書名	作者	類別
國父道德言論類輯	陳立夫	國父遺教
中國學術思想史論叢(一)(二)(三)(四)(五)(六)(七)(八)	錢穆	國學
現代中國學術論衡	錢穆	國學
兩漢經學今古文平議	錢穆	國學
朱子學提綱	錢穆	國學
先秦諸子繫年	錢穆	國學
先秦諸子論叢	唐端正	國學
先秦諸子論叢(續篇)	唐端正	國學
儒學傳統與文化創新	黃俊傑	國學
宋代理學三書隨劄	錢穆	國學
莊子纂箋	錢穆	國學
湖上閒思錄	錢穆	哲學
人生十論	錢穆	哲學
晚學盲言	錢穆	哲學
中國百位哲學家	黎建球	哲學
西洋百位哲學家	鄔昆如	哲學
現代存在思想家	項退結	哲學
比較哲學與文化(一)(二)	吳森	哲學
文化哲學講錄(一)(二)(三)(四)	鄔昆如	哲學
哲學淺論	張康譯	哲學
哲學十大問題	鄔昆如	哲學
哲學智慧的尋求	何秀煌	哲學
哲學的智慧與歷史的聰明	何秀煌	哲學
內心悅樂之源泉	吳經熊	哲學
從西方哲學到禪佛教 一「哲學與宗教」一集一	傅偉勳	哲學
批判的繼承與創造的發展 一「哲學與宗教」二集一	傅偉勳	哲學
愛的哲學	蘇昌美	哲學
是與非	張身華譯	哲學